海外M&Aを成功に導くPMIの進め方

野村総合研究所
青嶋 稔 著
Minoru Aoshima

Post Merger Integration

中央経済社

はじめに

　日本企業の M&A（Mergers & Acquisitions）の件数は増加の傾向にある。さらに言えば，成熟している国内市場での M&A を行うのではなく，海外市場での M&A を実施するケースが増えている。しかしながら，その多くはうまくいっていないことも多い。

　それは，日本企業が，同質を前提とした国内でのマネジメントをそのまま海外に持ち出すことは難しく，海外企業を買収する場合，国内でのベストプラクティスをそのまま海外に持ち出し，海外企業の PMI（Post Merger Integration）を行うことは難しいからである。

　こうしたこともあり，日本企業のアウトバウンドでも PMI は成功しているとは言いがたい。しかしながら成熟する日本市場だけで，日本企業が成長することは難しいし，海外市場においては，販売チャネルの獲得，もしくは，新しい事業領域での買収を行うも，日本国内市場での成功モデル，マネジメントモデルをそのまま海外企業の PMI に持ち込むことは難しい。そのため，日本企業の M&A，PMI は特に海外企業を買収した場合において，困難を極めていることが多い。しかしながら，日本企業が成長していくためには，海外市場での成長は不可欠であり，販売チャネル，自社で保有していないサービス，ソフトウェアソリューション，エンジニアリングサービスなどを絡めたソリューション事業を実現していくためには，自社でのリソースで一から事業を構築することは難しく，M&A は必要不可欠な手段であろう。

　こうした状況にあって，M&A を成功に導くために，PMI がいかに成功させていくかが不可欠な問題になっている。こうした問題意識をもとに，私は多くの日本企業の方々と意見交換を続けてきた。お付き合いのある企業の経営者の皆様は，以前から，多くの海外企業の M&A を行ってきている。その多くの企業は過去から多くの失敗を繰り返している。特に海外企業の買収においては，言語，背景となる考え方，企業文化の異なりから多くの失敗も経験している。阿吽の呼吸でお互いが理解できる終身雇用の日本企業において，海外企業の買

収とPMIはそれだけハードルが高いのだ。

　私が携わったPMIのプロジェクトにおいて，多くの被買収企業の経営陣が日本企業のM&A，PMIの姿勢に対して，言明することには常に共通していることがある。それは予算についてのコミュニケーションを行うが，戦略についてのコミュニケーションが乏しいということだ。日本企業は，中期経営計画を説明することで，戦略についてのコミュニケーションを十分に行っているという自負があるが，それは被買収企業の経営陣にとって，単に決まった数字目標の割付をされているにすぎない。それは戦略ではなく，予算目標の割付にすぎないのだ。PMIにおいて戦略をいかに共有し，納得をさせていくか。そして一緒にそれを推進し，モニタリングしていく体制をつくっていくか。それら一連の流れがPMIの成功を左右するといっていい。

　失敗事例も含め，多くの事例に直面するに，こうした事例からの学びを整理し，その教訓を活かし，今後の日本企業が成長領域での事業機会を獲得していくために，M&A，PMIにおける秘訣をまとめていくこと，そしてそれらを日本企業の成長に役立てたいと考えた。それが本書をまとめたきっかけである。

　本書をまとめていくにあたり，多くの日本企業の経営陣の方々にインタビューをさせていただいた。

　特に，コニカミノルタの山名社長には，長時間，インタビューの時間をいただいた。コニカとミノルタの統合は，日本企業のM&A，統合において，歴史に残る案件であろうと考えている。山名社長に多大なるお時間をいただき直接インタビューに真摯にお応えいただいたこと，そしてコニカとミノルタの統合にかけた思いを後世に伝えていく思いに敬意を表したいと思う。

　さらに，日立製作所の中畑専務（CHRO），中田部長，ソニーの勝本CTO，さらには，オムロン，住友ゴム，サントリー食品インターナショナル，コマツの皆様方，多くの方々にその多大なるご支援とご協力に心から感謝したいと思う。

2019年8月

著者　青嶋　稔

目　次

はじめに　i

第1章
M&Aを成功するために
── クロスボーダーPMIの課題解決のポイント

1 増大する日本企業におけるM&AとPMIにおける問題点 ……… 3
　1　増大する日本企業におけるM&A　3
　2　PMIにおける問題点　5
　　(1)　買収推進体制の不備　5
　　(2)　買収目的，シナジー創出シナリオにおける不十分な合意形成　6
　　(3)　被買収企業との戦略コミュニケーション不足　6
　　(4)　買収上重要である人材の流出　7
　　(5)　業務プロセス統合の長期化　7
　　(6)　組織風土や文化融合におけるコミュケーション不足　8

2 PMIプロセス ……………………………………………………… 8
　1　戦略統合プロセス　9
　2　業務統合プロセス　11
　3　モニタリングプロセス　12
　4　機能統合プロセス　12
　　(1)　販売・マーケティング機能統合　12
　　(2)　SCM機能統合　13
　　(3)　製品開発・ものづくり機能統合　13
　　(4)　人材基盤・組織，ガバナンス統合　14

3 PMIプロセスにおける課題解決の方向性 … 14
1　買収推進体制の確立　14
2　戦略合意形成とコミュニケーションの徹底　16
3　被買収企業キーマン（重要人材）参画による統合チーム形成　17
4　統合の達成度合いの「見える化」とPDCAの徹底　19
5　ガバナンスの明確化と経営への意思決定プロセス導入　20
6　理念の浸透と企業文化の統合　20

第2章
戦略統合のポイント

1 戦略統合における問題点 … 25
1　市場に関する共通理解が醸成されていない　25
2　戦略策定における買収企業・被買収企業が共同で行う意思決定プロセスが欠落している　26

2 戦略統合プロセスの位置づけと必要性 … 27
1　M&AからPMIへのプロセスにおける戦略統合プロセスの位置づけ　27
2　戦略統合プロセスにおける実施事項　28
　(1)　被買収企業に求められる役割の明確化　29
　(2)　買収企業の本社・地域統括会社からのサポート内容の提示と継続的支援　30
　(3)　事業環境の変化に対する，買収企業・被買収企業の経営陣間での共通認識の醸成　30
　(4)　戦略ワークショップによる戦略統合プロセスの共有化・可視化　31
　(5)　戦略統合プロセスと業務統合プロセスとを連携させるための業務KPI（重要業績評価指標）への落とし込み　32

3 先行事例からみた戦略統合の進め方 ……………………………………32

1 キリン 32
(1) 被買収企業の組織能力の判断とガバナンス体制の構築 34
(2) ブランド価値を高めるマーケティング戦略 35
(3) プレミアム商品戦略 36
(4) 安定した品質で商品が供給できる生産体制の確立 36
(5) 統合推進体制 37

2 富士フイルム 38
(1) 買収した会社の概要 38
(2) 富士フイルムホールディングスの買収に関する考え方 39
(3) 富士フイルムの戦略統合 40
(4) 戦略を実現していくための仕組みの構築 42

4 戦略統合プロセス成功のポイント ……………………………………43
1 被買収企業の組織能力の見極めとガバナンス体制の構築 43
2 ビジョンの共有と戦略の構築 44
3 統合推進人材(チェンジ・エージェント)の育成 45
4 統合状況をモニタリングできる統合推進体制づくり 45

第3章
業務プロセス統合

1 業務プロセス統合の問題点 ……………………………………51
1 標準化されている業務が少ない 51
2 業務プロセスを統合したい範囲が明確ではない 52
3 業務統合で目指すゴールが明確に示されていない 52
4 業務プロセスの標準化・統合を推進する人材が少ない 53

2 問題解決の方向性 … 54
1 業務ルールと意思決定プロセスの確立　54
2 被買収企業への支援体制の明確化　55
3 業務間コンフリクトの調整　56
4 統合達成度合いの「見える化」　56
5 業務統合を推進する人材の育成　57

3 先行企業事例 … 58
1 パナソニックライフソリューションズ社
（買収時はパナソニック電工）　58
　(1) 各業務におけるガバナンスの確立とSCM，ものづくりプロセス統合　59
　(2) マーケティング・販売業務の統合　60
2 オムロン　61

4 業務統合を確実に成功させるポイント … 63
1 業務統合におけるガバナンスと推進体制の構築　63
2 地域統括による業務標準化と業務統合の推進　65
3 現地優秀人材の巻き込みと育成　66

第4章
モニタリングプロセス

1 現状の日本企業のPMIにおけるモニタリングプロセスの問題点 … 71
1 適正なKPIに落とし込めていない　71
2 モニタリング体制・プロセスが十分でない　72
3 取得されたKPIに対して改善アクションが回せない　73
4 環境変化に対するモニタリングが弱い　74

2 問題解決の方向性 …………………………………………………………74
1 業務担当キーパーソンを巻き込み，戦略マップに落とし込む　75
2 各業務における KPI を策定，管理する　75
3 戦略と業務 KPI のつながりを末端の従業員まで教育で落とし込む　76

3 先行事例からみたモニタリングプロセスの進め方 ………………78
1 オムロンの買収の経緯　78
  (1) 理念とガバナンスの説明　79
  (2) 戦略統合　79
  (3) 統合計画とモニタリング組織・プロセスの策定　79
  (4) 買収におけるモニタリングプロセスにおける組織の作り方　80
  (5) OMRON による ROIC 逆ツリーモニタリング　81

4 クロスボーダーPMI の課題解決に資する実効的なモニタリングの進め方 ……………………………………………………………84
1 モニタリング体制の構築　84
2 本社から地域への権限委譲と業務標準化の推進　86
3 環境の変化をモニタリングする　88

第5章
販売・マーケティング機能統合

1 販売・マーケティング統合の問題点　93
1 統合後のブランドポートフォリオを明確に描ききれない　93
2 拠点統合におけるリソース融合の難しさ　94

2 問題解決の方向性 …………………………………………………………95
1 ブランドポートフォリオを明確に策定する　95
2 拠点の統合シナリオを明確に定める　96

3　既存の販売リソースとの役割分担を明確に定める　96
3　先行事例 ……………………………………………………………………97
　1　コニカミノルタの統合におけるPMI　97
　　(1)　コニカとミノルタの統合の経緯　97
　　(2)　情報機器事業におけるジャンルトップ戦略とブランド・販売統合　102
　　(3)　製品統合　104
　　(4)　米国における販売・マーケティング，サービス機能統合　106
　2　コニカミノルタにおけるITサービス事業の買収と統合　109
　　(1)　被買収企業人材の登用による新規事業の牽引とさらなるM&Aの推進　110
　　(2)　統合後の顧客流出を防ぐDD（デューデリジェンス）　110
　　(3)　統合後の迅速なメッセージの伝達と販売戦略の構築　111
　　(4)　PMIを通じ，被買収企業の良さを積極的に採り入れる　112
　　(5)　トップマネジメントのPMIへの徹底的な関与　113
4　課題解決の要諦 ……………………………………………………………113
　1　ビジョンの再構築とコーポレートブランディングの再定義　113
　2　マーケティング戦略の再定義とブランドポートフォリオの構築　115
　3　シナジー構築のための役割の定義　117
　4　お互いの強みを生かした機能統合　119

第6章
SCM機能統合

1　SCM機能統合の問題点 …………………………………………………123
　1　買収企業，被買収企業での市場環境への共通理解が醸成されない　123
　2　対象部門が広く，SCMについてのコンセンサスがとれない　124

3　部門縦割りの活動となってしまう　124
2　問題解決の方向性 ……………………………………………………… 125
　　1　被買収企業におけるSCMの実態把握　125
　　2　PMIにおける部門横断的SCMプロジェクトの編成　126
　　3　目指すべきSCMモデルの構築　127
　　4　買収企業からの支援体制の明確化　129
3　先行事例 ………………………………………………………………… 129
　　1　戦略と業務プロセスの統一　130
　　2　業績管理方法の統一と部門間横串での連携推進　132
　　3　生産能力の拡張と投資効果のフォロー　133
　　4　人材の育成　134
4　課題解決の要諦 ………………………………………………………… 135
　　1　目指すべきSCMの明確化　135
　　2　グローバル戦略を踏まえた地域でのSCMの構築　136
　　3　S&OP業務の確立　138
　　4　被買収企業のグローバルSCMの役割を明確にする　140

第7章
製品・事業開発

1　PMIにおける製品・事業開発プロセス統合の問題点 ………… 145
　　1　被買収企業のビジネスモデルの理解不足　145
　　2　開発プロセスに関する言葉の定義の相違　146
　　3　開発におけるゴールに対する共感が困難　146
　　4　品質に対する考え方をあわせることができない　147
2　問題解決の方向性 ……………………………………………………… 148
　　1　被買収企業のビジネスモデルの理解　148

viii　目　次

　　2　製品・事業開発における言葉の定義の理解　149
　　3　製品・事業開発におけるゴールの確認と合意　149
　　4　品質に対する考え方の統一　150
3　先行事例 …………………………………………………………… 150
　　1　ソニーによるコニカミノルタからの一眼レフカメラ事業買収とPMI　151
　　　(1)　買収の概要　151
　　　(2)　ソニーによるPMIとその成功要因　151
　　2　コニカミノルタ ── コニカミノルタによるアンブリー・ジェネティクスの買収　155
　　　(1)　買収の経緯　155
　　　(2)　コニカミノルタによる技術開発における統合　157
4　課題解決の要諦 …………………………………………………… 158
　　1　被買収企業の価値観の理解　158
　　2　被買収企業の開発プロセスの理解と支援内容の明確化　159
　　3　開発チームの組成　160
　　4　開発プロジェクト管理における報告体系の徹底　161

第8章

人材・組織統合とガバナンス

1　人材・組織統合とガバナンスにおける問題点 …………………… 165
　　1　組織風土や文化の理解が不十分　165
　　2　不明確な意思決定プロセス　166
　　3　戦略における納得感不足　166
　　4　重要人材の流出　167

2 問題解決の方向性 ……………………………………………………… 167
1 責任権限の明確化 168
2 徹底した"見える化"（透明性の確保） 168
3 主体性・当事者意識の向上 169
4 価値観の共有 169
5 重要人材の可視化と育成の仕組みへの落とし込み 169

3 先行事例 ……………………………………………………………………… 170
1 オムロンにおけるガバナンスと人材融合 170
  (1) オムロンの買収の経緯 170
  (2) TOGA（THE OMRON GLOBAL AWARDS） 172
  (3) オムロンの人材育成からの示唆 174
2 サントリー食品インターナショナルにおけるガバナンスと人材融合 175
  (1) サントリー食品インターナショナルの買収の経緯 175
  (2) サントリー食品インターナショナルからの示唆 177
3 日立製作所における人材融合 178
  (1) 日立の戦略と人財像，人財マネジメント 178
  (2) 日立製作所におけるPMIのガイドライン 181
  (3) 理念の統合 183
  (4) 日立製作所からの示唆 184
4 コマツにおける人材融合 185
  (1) モジュラ マイニング買収の経緯 185
  (2) コマツからの示唆 ── コマツウェイによる価値観の融合 187

4 課題解決の要諦 ……………………………………………………………… 187
1 経営者のコミットメント 188
2 被買収企業の企業文化を鑑みたPMIの設計 188
3 理念の統合 190

4　事業を通じた理念の実践と共有の場づくり　190
　　5　目標設定と実行状況の可視化　191

第9章
新興国 PMI

1　なぜ，新興国 PMI なのか ── 重要性が高まる ASEAN 地域，インドの市場 ……… 195
2　新興国 M&A と先進国 M&A の違いと難しさ ……… 196
　1　カントリーリスクの大きさ　196
　2　拠点進出の期間の長さによる市場への理解度　196
　3　経営における意思決定プロセスの透明性　197
　4　会計・業務ルールの明確さ　197
　　(1)　家族的経営で組織的ではない　198
　　(2)　競争力ある価格と品質のバランスが求められるなかでの経営陣の意識統一　199
　　(3)　限られたリソース（経営資源）でのシナジー（相乗効果）創出　199
　　(4)　業務統合の難しさ　200
3　新興国 PMI プロセスの課題とポイント ……… 203
　1　現地経営陣の戦略に関する納得感の醸成　203
　2　意思決定プロセスの仕組みの導入　205
　3　業務ルールの明確化と各業務 KPI の策定　205
　4　業務間コンフリクト（利害衝突）の調整　206
　5　統合の達成度合いの「見える化」　206
　6　統合推進人材の発掘と育成　207
4　課題解決の要諦 ……… 208
　1　市場環境変化への共通認識に基づく戦略策定プロセスの構築　208

2 ガバナンスの明確化と経営への意思決定プロセスの導入 209
3 業務ルールの明確化 210
4 業務間コンフリクトを解消する PMO（プロジェクトマネジメントオフィス） 211
5 統合の達成度合いの「見える化」と PDCA の徹底 212
6 統合を推進する人材の発掘と育成 212

第 1 章

M&A を成功するために
―― クロスボーダー PMI の課題解決のポイント

1 増大する日本企業におけるM&AとPMIにおける問題点

1 増大する日本企業におけるM&A

　成熟する日本市場での成長限界に直面した日本企業の多くは，海外市場にその活路を見出し，海外への販路進出，工場の現地化を進めていった。そして，強化しなければならない市場においては，販売チャネルや生産機能の買収を推進した。

図表1-1　大型化する日本企業のM&A

	買収企業	被買収企業	金額（発表ベース）	発表日
1	武田薬品工業	シャイアー	6兆8000億円	2018年5月
2	ソフトバンク	アーム・ホールディングス（英）	3兆3000億円	2016年7月
3	日本たばこ	ギャラハー（英）	1兆7300億円	2006年12月
4	サントリー	ビーム（米）	1兆6800億円	2014年1月
5	ソフトバンク	スプリント・ネクステル（米）	1兆5700億円	2012年10月
6	伊藤忠／チャロン（タイ）	中国中信集団子会社（中国）	1兆2000億円	2015年1月
7	東京海上	HCCインシュアランス（米）	9400億円	2015年6月
8	三井住友海上火災	アムリン（英）	6400億円	2015年9月
9	明治安田生命	スタンコープ（米）	6200億円	2015年7月
9	日本郵政	トール・ホールディングス（豪）	6200億円	2015年2月
11	日本たばこ	レイノルズ・アメリカン一部事業（米）	6000億円	2015年9月
12	第一生命	プロテクティブ（米）	5800億円	2014年6月
13	三井住友フィナンシャル	日本GE（米）	5750億円	2015年12月
14	住友生命	シメトラ・フィナンシャル（米）	4600億円	2015年8月
15	NTTデータ	デルのITサービス部門（米）	3500億円	2015年3月
16	ソフトバンク	日本テレコム（米リップルウッド）	3400億円	2004年5月

（出所）　各種報道より筆者作成

例えば，複写機産業は，1980年代からリーマンショック前までは販売チャネルを獲得することにより売上を伸ばしていた。具体的には，米国，欧州各国といった先進国においてのディーラーを買収することにより，競って直接販売を強化し，海外市場でのプレゼンスを高めていった。昨今は複写機事業の成熟化のため，キヤノンの東芝メディカル買収に見られるように，異業種の大型M&Aを仕掛けるケースも見られる。

また，食品産業においても2000年以降，多くの買収が行われた。地域でのブランド，製品，販路などを一括して獲得することを目的としたM&Aが多いことが特徴であり，国内事業比率が高かった食品産業は，海外でのプレゼンスを一気に高めることができた。特に，2014年にサントリーが行ったビーム社の買収に見られるように，買収金額が1兆6,800億円と非常に大型のM&Aであった。こうした買収のように，海外企業のM&A，つまりクロスボーダーのM&Aで大型のM&Aも増大している。

しかしながら，すべての買収が成功しているとはいえない。例えば，**図表1-2**

図表1-2　日本企業による海外M&Aにおける誤算

企業名	被買収企業	買収年	概　　要
日本板硝子	ピルキントン（英）	2006年	買収後，6回の最終赤字を計上するなど厳しい状況が続いた
東芝	ウェスティングハウス（米）	2006年	WHの収益悪化で，2017年3月期に減損損失7125億円
第一三共	ランバクシー（インド）	2008年	米国による医薬品輸入停止のため業績低迷，2015年に売却
キリン	スキンカリオール（ブラジル）	2011年	他社との競争激化などで業績が低迷し，2017年に売却
丸紅	ガビロン（米）	2012年	想定していた相乗効果が得られず，2015年3月期に減損損失430億円
LIXIL	グローエ（独）	2013年	グローエの中国子会社で不正会計，最大660億円の損失
日本郵政	トール（豪）	2015年	豪経済減速などで業績が悪化，2017年3月期に減損損失4003億円

※　金額は公表時点または決算発表時点の数字，見込み額含む。
(出所)　各種報道より筆者作成

にあるような企業では，海外M&AにおいてPMIが計画どおりに進展しなかったために，企業経営そのものに厳しい影響を及ぼしている。中には，そうした誤算があまりにも深刻だったために多額の減損処理を行う状況に追い込まれたケースもある。

このような買収の難しさがどこから生じていることなのかを，次項2以降で解説したい。

2　PMIにおける問題点

海外企業の買収においてPMIは極めて重要であるが，日本企業が主導でPMIを実施する際には，欧米企業が主導する場合とは異なる困難を抱えることが多い。その理由はさまざまであるが，次のような問題点に起因していることが多い。

---
(1)　買収推進体制の不備
(2)　買収目的，シナジー創出シナリオにおける不十分な合意形成
(3)　被買収企業との戦略コミュニケーション不足
(4)　買収上重要である人材の流出
(5)　業務プロセス統合の長期化
(6)　組織風土や文化融合におけるコミュニケーション不足
---

(1)　買収推進体制の不備

買収を進めていくためには，全社横断的な推進体制が非常に重要となるが，本社中心で推進した買収案件のうち，統合プロセスだけを事業部門もしくは被買収企業所在地の海外現地法人が推進しているケースが散見されるが，そのほとんどは失敗している。某機械メーカーでは本社経営企画と本社事業部門が買収を推進したが，その検討過程において，海外統括会社が十分に関与していなかったため，実際のPMIプロセスにおいて，海外統括会社が十分な思い入れをもって実施できず，踏み込んだ統合が実現できなかった。買収推進体制は買

収前と買収後で一貫性を持っていないと，オーナーシップを持った統合戦略の策定，統合プロセスの推進は非常に難しい。

(2) 買収目的，シナジー創出シナリオにおける不十分な合意形成

買収後の統合過程で，被買収企業の組織，人材や顧客基盤，技術等のリソースに関する把握が進むに伴い，買収プロジェクトチームと経営層，事業部等との間で，買収の目的，重要な統合領域，シナジー（相乗効果）創出シナリオに相違が生じてくることが多い。特に，事業買収においては，中長期の成長戦略から描き出した事業ポートフォリオから獲得すべき事業領域を明確化したうえで買収ターゲットを選定することが必要となる。そのため，本社経営企画部，事業部が全社としての成長シナリオを明確に描き，獲得すべき事業や技術領域を明確にしたうえで，買収戦略とターゲットリストを抽出することが必要である。事業部側の買収チームメンバーと経営者との間でこれらについて十分な合意形成ができていないと，PMIもまた，方向性を見失い，迷走することになる。ゆえに，具体的な成長戦略を描き，獲得すべきリソースを明確にしたうえで，買収戦略を描くプロセスを進めることが不可避である。

某化学会社は，これまでにも数多くの買収を実施してきたが，海外現地法人から"買収ありき"であがった案件の中で，成功しているものは少ないとの経験から，本社経営企画部，事業部が事業成長シナリオをしっかりと描き，獲得すべき事業ポートフォリオとリソースを明確化している。

(3) 被買収企業との戦略コミュニケーション不足

戦略を統合していくためには被買収企業経営者陣，そして末端の従業員にまで戦略を浸透させ，納得感を醸成することが重要であるが，現実は容易ではない。

某精密機器メーカーは，ソリューション事業と直売力強化のため，販売会社を買収したが，被買収企業の経営者との間での重点戦略の合意形成が不十分であったため，売上成長は実現できたがソリューション事業での成長までは実現できなかった。被買収企業経営者はソリューション事業の利益率が低いと考え，

事業化に消極的であったため,重点的に伸ばしたいはずの戦略が進展することはなかった。

戦略統合においては,まずは,戦略をわかりやすい形で整理したうえで,被買収企業の経営者に説明し,理解させることが重要である。また,戦略目標値を策定する際も,共同で策定するなど,お互いに納得感が得られるようなプロセスを踏むことが肝要である。戦略に対する納得感を得るためには,経営層の報償設計のみでは不十分なのだ。

(4) 買収上重要である人材の流出

合併のシナジーを創出し,買収目的,シナジー創出シナリオを実現するためには,人材が重要なのは言うまでもないが,とりわけ,重要なプロセスにおいて重要な役割を任せられる人材を確保することがその成否を左右する。ところが,買収後,文化的に異なる組織が急激に統合することによって,組織・人材評価が十分にできずに,組織内に影響力を持つ重要な人材の流出とそれに伴う連鎖的人材流出が起きるケースがよくある。人材維持のため,リテンションボーナス(買収後一定継続勤務後支給されるボーナス)の設定を行ったとしても,新しく融合された組織で働く意義を見出せなければ,優秀な人材は去ってしまう。

(5) 業務プロセス統合の長期化

日系企業によるPMIが長期化する大きな理由として,日本企業が自らの標準を持たないため,業務プロセスの統合が進まないことがあげられる。GEなどの欧米企業では,業務プロセス統合においては,100日以内などの期間を定め,自らの業務プロセスへの統合を進めている。

業務プロセス統合においては,特に相手のプロセスを尊重するよりも,買収企業側の業務プロセスにあわせることが多い。その際には買収企業が効率的かつ標準化された業務プロセスを持っている必要があるが,日本企業の場合,標準化された業務プロセス,業務マニュアルを整備しているケースは非常に少なく,結果的に業務統合は長期化してしまうことがよくある。

(6) 組織風土や文化融合におけるコミュケーション不足

　組織風土や文化が違うことは買収上避けられない。特にIN-OUTの場合，言語や異国という意味でも文化が異なり，なおさら難しい。異なる技術領域，事業領域を買収する場合，既存事業の販売チャネル買収と比較し，文化統合の難しさは一層増す。

　異なる組織風土や文化をあわせていくためにはトップ自らの理念の伝承や，両者の社員間における組織・階層レベルでのコミュニケーションプランなどが必要となるが，被買収企業への遠慮のあまり，踏み込んだ企業風土や文化融合ができているケースは非常に少ない。

2　PMIプロセス

　1で紹介した問題を解決していくためには，PMIが推進されるプロセスについて全体像を整理するとともに，各プロセスで達成すべき「ゴール」や解決すべき「課題」を棚卸しすることが重要である。そのうえで，それらのプロセスを成功に導くための課題解決の方向性について検討する必要がある。

　全体像として，PMIがどのようなプロセスで構成されるかをまず整理したい。基本的なプロセスとして，以下の3つがある。

1　戦略統合プロセス
2　業務統合プロセス
3　モニタリングプロセス

　さらに，難しさを伴うものの買収成功に向けて極めて重要な「機能統合プロセス」として，以下の4つがある。

---
(1)　販売・マーケティング機能統合
(2)　SCM（Supply Chain Management）[注]機能統合

(3) 製品開発・ものづくり機能統合
(4) 人材基盤・組織，ガバナンス統合

(注) サプライチェーンマネジメント：供給業者が最終消費者までのプロセス全体の効率化と最適化を実現するための経営管理手法

2では，上記3つのPMIプロセスと4つの機能統合プロセスごとに，達成すべきゴール，解決すべき課題，解決方法を概観していく。

図表1-3　PMIプロセス

	①戦略統合プロセス	②業務統合プロセス	③モニタリングプロセス
ゴール（あるべき姿）	□ 被買収企業経営陣と買収企業のPMI担当者間で，「納得」する戦略が定まっている状態	□ 主要部門において，戦略実行のためのゴールとアクションプランが定まっている状態	□ 主要部門の統合達成に向けた進捗状況が管理され，アクションが推進されている状態
課題	□ 現状経営陣の戦略に関する納得感の醸成 □ 経営意思決定プロセスの仕組み導入	□ 業務ルールの明確化とKPI策定 □ 業務間コンフリクト（利害衝突）の調整	□ 達成度合いの「見える化」
	結合推進人材の発掘と育成		
アクションプラン	□ SWOT分析：市場・競合・自社・チャネルに関する共通認識構築 □ 外部環境と自社グループ（買収・被買収企業）の強みを踏まえた納得感ある戦略統合プロセス □ 被買収企業の経営陣，各機能キーマンの巻き込み □ 本社から各種支援メニューの「見える化」	□ 戦略実現につながる各業務別分科会による目標設定と，その実現のための各種プロセス改善 □ PMO（プロジェクトマネジメントオフィス）会議の開催：各分科会の進捗確認とコンフリクトに対する調整機能	□ 各種KPIの設定　進捗状況管理のための現実的なKPIを設定 □ KPIのモニタリング　KPIの目標と現状のギャップを把握し，PDCAサイクルを推進

(出所) 野村総合研究所

1　戦略統合プロセス

戦略統合プロセスで実施すべきことは，事業戦略に対する買収企業・被買収企業の経営者間の納得感の醸成である。しかしながら，被買収企業に対して，財務目標の共有はあっても，戦略の共有がない場合が見受けられる。財務目標をどのように達成していくのか，重点商品・顧客への提供価値，それに必要なプロセ

ス改革はどうするかなど，具体的な戦略まで落とし込めているケースは少ない。

戦略統合プロセスでは，単に財務目標の合意形成だけではなく，リソース（経営資源）の活用や顧客への価値提供といった戦略面での合意形成も重要になる。技術の急速な進展と変化，新興国のように非連続に市場環境が変化する場合において，買収企業および被買収企業の経営陣が，その変化への共通認識を持つことが重要であるが，そのためには，両経営陣がワークショップを開催し，自社の強みと弱みを議論しながら，それを事業機会に変える戦略を検討することが望ましい。その際，「戦略マップ」を策定することも有効な方法である。具体的には，①財務，②顧客，③内部プロセス，④学習と成長（人材育成や社内インフラ整備）といったバランススコアカードの4つの視点で戦略を整理し，財務的な目標に展開していくイメージである（図表1-4）。

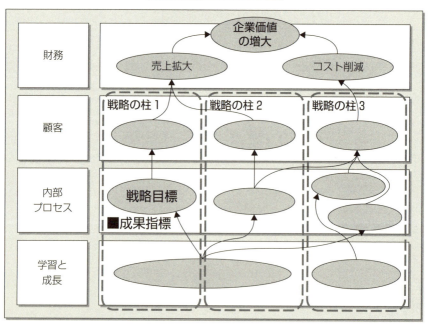

図表1-4 戦略マップの図

（出所）野村総合研究所

こうすることで，次の業務統合プロセスにつなぎやすくなる。また，戦略統合プロセスでは，経営陣以外に，開発，製造，販売・サービス，経理，人事，SCM（供給網整理）など主要業務のリーダーを巻き込むことも重要である。これにより，戦略統合プロセスから業務統合プロセスに，つなぎ目なく連携できるようになる。

その際，買収企業・被買収企業の経営者・各業務のキーマンが集まってワークショップのような形態で議論し，意思決定を可視化することは，経営の意思決定プロセスの透明化を高める第一歩となる。そのワークショップでは，現状の市場，今後の市場変化を議論することも重要である。参加者全員の市場への理解度を高められるとともに，今後発生しうる市場環境の変化に対する共通認識が醸成できるからである。

2　業務統合プロセス

前項1で述べた戦略を，次に企業活動の各業務に落とし込んでいく。それは，被買収企業の日常の経営活動を，各業務別の目標値（KPI：Key Performance Indicator，重要業績評価指標）に落とし込むことで実現する。具体的には，開発，製造，販売・サービス，経理，人事，SCMなどの各業務の現場のリーダーを中心に，戦略実現のために各業務がすべきことの議論を進めていく。

しかし，買収企業の考え方を理解する現場のリーダーがM&A当初からいるとは考えにくいため，当面は，日本人の統合推進担当の人材を派遣し，現地でのリーダー発掘と育成を実施していくことが現実的である。

買収契約前にこうした人材を発掘することは難しいが，買収契約後のデューデリジェンスの際に主要機能の重要人材を棚卸ししておけば，人選は比較的容易であり，適切なタイミングでの登用も可能になる。そのため，先述した統合推進担当による現地リーダーの発掘・育成はこの段階での重要なミッション（使命）といえる。

3 モニタリングプロセス

　図表1-3の戦略統合プロセスから業務統合プロセスまで進めば，戦略と一貫性のある目標値（KPI）が設定されているため，モニタリングプロセスは比較的容易である。モニタリングプロセスでは，統合を進めていく業務別分科会（後述3 3）が中心になって，月次での戦略目標値と各業務の統合状況を確認し，PDCA（計画・実行・評価・改善）を確実に回していく。着実にモニタリングプロセスを回していくためには，戦略マップから各業務のKPIとそのつながりを従業員まで浸透させることが大事だ。つまり，統合した会社において，各機能が事業の戦略を実現するために，何をすべきなのかを戦略マップを用いながら，末端の従業員までを対象に情報共有（研修，レクチャー，ダイアログなど）を行っていくことが望ましい。

4 機能統合プロセス

(1) 販売・マーケティング機能統合

　買収とPMIにおいて非常に重要なのが，販売・マーケティング機能の統合である。販売機能においては，買収企業が被買収企業と同じ地域にすでに営業拠点網を持っている場合は，拠点の統合が重要になる。また，地域別に製品ブランドをどのように統合していくかについても重要な論点となる。販売地域の販売力，保有顧客，地域シェアなどを鑑み，地域での販売拠点統合，ブランド統合の方針を決定しなければならない。

　さらに，新規事業領域の買収により既存事業とのシナジーを創出する場合は，シナジーを生み出すためのマーケティング戦略の統合を進めるとともに，両社の販売・マーケティング機能間でのシナジーを創出するための具体的なシナリオを構築することも求められる。

(2) SCM機能統合

　統合後，SCMの業務プロセスを統合することが必要となる。その際には，戦略統合段階で明示した事業戦略を実現するために，あるべきSCMの姿を明確にすることが重要である。統合プロセスにおいては，SCMの将来像に基づき，需要予測業務，生産計画への計画連携の仕方，在庫の持ち方，物流機能などについて，どのように統合するのかの検討を進める。さらに，需要予測，生産計画などの各種計画を連携したうえで，部材をどこで調達し，どこで生産し，どこで在庫し，物流をどのようなルートで配送するのがもっともコストが安くなり，顧客へのリードタイムが短くなるのかを明確にすることも望まれる。

(3) 製品開発・ものづくり機能統合

　製品開発については，お互いが持つリソースを生かし，新たなる付加価値を創造していくプロセスを構築することが求められる。つまり，買収企業・被買収企業が，お互いが持つ製品，技術，プロセスを持ち寄ることで，新たなる製品・サービスを実現することが重要である。この場合，買収，統合を決定する前から共同での商品開発プロジェクトを行うなど，お互いが持つ保有技術を理解し，市場環境に対する認識をあわせ，共に共同商品開発におけるロードマップを共有することが，より買収とPMIを成功させることがさまざまな事例から実証されている。

　ものづくり機能に関しては，a）調達機能の統合，b）ものづくりに関連するシステムの統合，c）ものづくりプロセスの最適化を進めることになる。

　a）に関しては，買収先の部品調達に関する意思決定機能を買収企業に統合するなど，調達プロセスの統合を進めることになる。そのうえで集中購買を実施し[注]，コスト低減効果を最大化していく必要がある。b）については，ERPの統合もしくは，それに関連するシステム・データの標準化，統合を進めていくことが求められる。c）に関しては，さらに工場の物理的統合もしくはデジタル上での工場統合を行うことにより，PLMの統合などを行う。

(注) 調達プロセスの統合の際に，集中購買の対象となるアイテムを明確にすることが望ましい。

しかしながら，生産現場には，買収企業，被買収企業ともに，ものづくり現場の考え方とこだわりがあるため，安易な統合は被買収企業の強みを損ないかねない。被買収企業の強みも見極め，どこまでの統合をどのようなステップで行うのかを見極めることが重要である。

(4) 人材基盤・組織，ガバナンス統合

さらに統合において重要なのは，人材基盤・組織の統合と，行動基盤としてのガバナンスの統合である。ガバナンスの統合としては，責任権限の明確化，徹底した見える化（透明性の確保），主体性・当事者意識の向上が重要なる論点となる。そして，人材基盤の強化としては，価値観の共有，重要人材の可視化と育成の仕組みへの落とし込みが必要だ。

3 PMI プロセスにおける課題解決の方向性

PMI プロセスを成功させるために，各プロセスに共有したポイントしては，次の点があげられる。

1　買収推進体制の確立
2　戦略合意形成とコミュニケーションの徹底
3　被買収企業キーマン（重要人材）参画による統合チーム形成
4　統合の達成度合いの「見える化」と PDCA の徹底
5　ガバナンスの明確化と経営への意思決定プロセス導入
6　理念の浸透と企業文化の統合

1　買収推進体制の確立

買収から PMI にかけて失敗してしまう事例の多くは，体制の不備が大きな

原因となっている。買収を成功させるためには，戦略の統合からモニタリングまでの一貫性を意識した体制を構築しなければならない。具体的には，本社経営企画・経理部，事業部，現地の海外統括会社トータルで買収チームを形成することが重要あり，さらに，買収効果を明確に出していくためには，各プロセスにおいて，経営管理，財務・経理，そして事業のプロを投入していく必要がある。その際，買収前からプロジェクトに参画していた人材が買収後の統合を引っ張っていくことも望ましい。

　しかしながら，海外での買収案件が増大しているのに対し，事業がわかり，経営に関する知識と経験，海外駐在経験がある人材候補はそう多くはないため，企業買収をしても統合を現地で進められる人材が逼迫するケースは多い。こうした点を勘案すると，人材を意識的に育成もしくは獲得していくことが喫緊の課題である。さらにいえば，買収チームにはできれば若手の人材を投入し，買収プロセスを経験させることが望ましい。優秀な若手人材が買収プロセスを経験することで，次なる買収プロジェクトをコアメンバーとして牽引していくことが期待できるからである。そのため，優秀な若手を戦略的に選定し，事業戦略策定から買収戦略，統合プロセスについてOJTで内部育成を行うことが望ましい。場合によっては買収プロジェクトの経験を有する若手人材を外部から獲得することも必要となる。

　また，買収推進体制については，統合前と統合後の一貫性が重要となる。全チームメンバーが統合した企業に移ることは難しいが，統合プロジェクトに参画したコアメンバーが被買収企業の経営層，あるいは，経理部門，マーケティング，技術部門など統合上重要な部門の責任者に就くことで，オーナーシップを持って統合プロセスを進めることが可能となる。こうした体制の構築は，戦略統合，業務統合，モニタリングといったプロセスを一貫性のある形で推進させていくために非常に重要だ。また，各機能統合においても，販売・マーケティング，SCM，生産，人事など買収・被買収各企業部門からキーマンの参画をさせ，統合を進めなければならない。こうした体制の整備は，3で述べる，被買収企業キーマン（重要人材）が参画する統合チーム形成を進めるうえでも

重要になる。

2 戦略合意形成とコミュニケーションの徹底

　被買収企業に戦略をわかりやすく伝えていくことは買収の成否を左右するといってもいい。そのためにはなるべくわかりやすい言葉で戦略を伝えていくことが必要となる。

　買収の過程では，合併によるシナジー効果を多く見込まなければいけないケースも多いだろう。そのため，戦略統合プロセスでは，買収企業の経営陣自らが被買収企業の経営陣に対して，自らの言葉でグローバル成長戦略を語り，被買収企業に期待している役割を伝える必要がある。ただし，これだけでは，被買収企業は買収企業から単にシナジー創出における役割を求められるだけになってしまう。

　そこで買収企業は，自社の経営基盤やノウハウなど，被買収企業が買収後のシナジー創出による成長シナリオを達成するためにどのようなサポートができるのかを明確にすることが大事だ。そのうえで，SWOT分析などにより，買収企業・被買収企業をあわせたグループ全体の強みと弱みを踏まえ，両社の経営陣が今後起こりうる市場環境の変化についての共通認識を持ち，グループ全体の強みを活かした戦略統合プロセスを具体化させることが必要となる。その際，ワークショップのような形式で検討を進めることが効果的であり，検討結果をもとに戦略マップを策定し，戦略をわかりやすい形で伝えていくことも大事だ。

　戦略統合プロセスにおいて，戦略コミュニケーションが重要であることは言うまでもないが，業務統合プロセスにおいても同様である。なぜならば各業務の統合がどのような戦略目標のために行われているか，その位置づけを常に確認しながら進めていくことが大事になるからだ。さもなければ，目の前の統合プロセスに精一杯になり，目指すべき統合後の姿，統合で実現したい戦略が，視野の片隅におかれてしまうことになりがちである。こうしたことを防ぐためにも戦略コミュニケーションは大変重要になる。

3　被買収企業キーマン（重要人材）参画による統合チーム形成

　戦略統合プロセスから業務統合プロセスを進めると，業務別の統合プロセスにおいて，業務間の意見や利害の不一致が生じる。これらを解消しながら統合を進めていかなければ，統合プロセスの段階で会社がばらばらになってしまう。

　例えば，顧客への納期を追及する営業と在庫削減を重視する生産部門とでは利害が衝突する。このような部分最適を残したまま，統合を進めていくと，企業全体では業務間の整合性がとれず，顧客へのサービス品質低下，在庫の増大など不具合が発生するだけでなく，会社として何を重視するのかといった決定基準が不明確なままであれば，全体最適を目指したアクションもとれなくなる。

　こうした各業務間のコンフリクトを早期に発見して調整し，事業戦略を着実に実現していくには，統合を高い視点で見渡せる組織機能が必要となる。そのため，買収企業・被買収企業の経営陣で構成されたステアリングコミッティが，統合プロセス全体をモニタリングすることが必要だ。そしてその下に開発，製造，販売・サービス，経理，人事，SCM などの業務別分科会を設置し，各業務で統合について議論する。統合状況が常にモニタリングされ，各業務のコンフリクトが発見されたら，それを意思決定必要事項として，ステアリングコミッティが意思決定できる情報を揃えてエスカレーション（上申）する。この役割を担うのが PMO（Project Management Office：プロジェクトマネジメントオフィス）である。PMO は，各業務のリーダーと IT 部門，経営企画部門などで構成されることが多い。業務間で発生したコンフリクトを早期に発見するとともに，意思決定が必要な項目，意思決定に必要な基礎情報を経営者に提示し，迅速な意思決定が下せるようにする。

　このような体制で統合を推進するためには，買収企業側と被買収企業の双方で，新たな統合推進人材の発掘と育成が欠かせない。なぜならば，両企業の経営陣だけでなく，各業務の統合推進人材が統合によるシナジー創出の戦略を策定するとともに，それを各業務に落とし込んでいく役割を担うからである。

　こうした人材については，買収契約後の詳細なデューデリジェンスを通して

発掘することが多い。発掘した人材を戦略統合プロセスに参画させて，戦略を理解させたうえで，各業務の統合プロセスに参加させ，買収企業側の中核的な統合推進人材と協働することによりOJTを進めていく。

買収後シナジー創出による戦略を実現するには，各業務にも高い数値目標が設定される。そのため買収側の統合推進人材が，被買収側の統合推進人材に対して，買収企業グループのリソースやノウハウを使って支援していく必要がある。そのため，日本本社や現地統括会社では，現地の統合推進人材に対するサポート機能を強化し，業務統合に関するリソースやノウハウを提供しなければならない。

例えば，生産業務の統合では，日本工場もしくは先行して統合を進めた海外

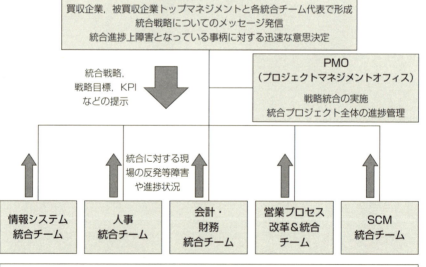

図表1-5 統合チームの編成例

(出所) 野村総合研究所

グループ会社の工場と姉妹工場制度を結び，生産現場レベルでの生産効率化や品質管理など，小集団活動レベルでの指導を徹底する。こうしたことにより，先進工場のノウハウが共有され，生産・品質管理業務に関する統合推進人材のサポートと育成も可能になる。

買収後，戦略を各業務の末端にまで浸透させていくためには，統合時に重要な役目を担う統合推進人材（中間管理職が担う場合が多い）をいかに育てていくかは，PMI成功の重要なポイントとなる。上述した生産現場の姉妹工場制度であれば，その責任者だけではなく班長クラスの現場監督者も交えて生産・品質に対する考え方を共有できることが望ましい。統合推進人材の育成を通して，自らで考える強い現場をしっかりとつくっていくことは，PMIを成功させるためには重要である。

4　統合の達成度合いの「見える化」とPDCAの徹底

業務品質は，生産性・効率性などの点からKPIに落とし込む。このKPIを月次などで管理しながら統合の達成度合いを確認していく。達成の進捗状況は，先述したPMOと各業務の統合推進人材が管理する。

KPIが未達成の場合には，その原因を究明し，どのように改善して統合を進めていけばよいのかを各業務別分科会で検討する。目標値の達成が難しい場合には，PMOが意思決定事項をステアリングコミッティにエスカレーションして意思決定を求める。意思決定事項のエスカレーションの際に，例えば業務改善に必要なシステム投資や人員の補強への投資・サポート領域を明確にすることにより，ステアリングコミッティは迅速に意思決定が下せるようになる。

こうした一連の流れをさらに円滑にするためには，KPIの進捗状況を常に可視化（見える化）するとともに，徹底してPDCAを回していくことが望ましい。

市場環境が，戦略の前提とした予測と異なる変化を見せた場合には，買収企業・被買収企業の経営陣が戦略の方向性を再確認するとともに，各業務の統合推進人材がKPIを再設定することになるが，KPIの進捗状況を「見える化」していれば，そうした再確認，再設定業務が円滑に進むはずである。

5　ガバナンスの明確化と経営への意思決定プロセス導入

　昨今は，新興国でのM&Aも増大しているが，特に新興国では，たとえ大企業であっても家族的経営が多い。したがって，意思決定は極めて属人的である。そこでM&A後は，経営への意思決定プロセスに透明性を高める仕組みを導入しなければならない。高額な設備投資や新製品開発計画・製品ロードマップなど重要な案件については，経営会議や取締役会議で意思決定し，意思決定プロセスを「見える化」する。

　ある化学会社は，日本人の中間管理職を統合マネージャーとして配置し，投資，製品計画などの重要な案件の意思決定には，親会社である日本企業の決済を受けることを義務づけている。そこで，同社は，M&A後，投資などの稟議が必要な意思決定基準を被買収企業の経営陣に明示するとともに，面倒になりがちな稟議プロセスや，親会社である買収企業への根回しに関しては，統合マネージャーに一任している。

6　理念の浸透と企業文化の統合

　買収した後，人材のリテンション（人材維持）を含め，会社組織としての一体感を醸成するためには，企業文化の統合も必要である。単にボーナスプラン等の金銭的処遇に依存した形での人材維持では，流出を抑制することは難しく，たいていは，一体感醸成に失敗している。また，報酬を目的にすると，常に報酬を上げ続けない限り，優秀な人材ほど流出するリスクを負う側面もあり，「金の切れ目が縁の切れ目」になってしまう。

　報酬ではない価値観，働きがい，もしくは社会への貢献といった企業文化が重要であり，企業文化の統合をスムーズにするためには，企業理念や企業風土の浸透が不可欠である。ただし，その統合プロセスには工夫が必要である。被買収企業に企業理念を現地言語化したパンフレットを配布する企業を多く目にするが，買収された側の社員がそれを真に理解しているケースは少ない。単なる形式的なビジョンやスローガンの表明ではなく，体験や日常行動と結びつい

たレベルでの浸透を図ることが重要である。

　企業文化の統合に向けては，買収発表前後から統合準備作業，そしてPMIの過程にコミュニケーションプランを組み込んで，両社の意思疎通の土壌づくりを進めるとともに，中期的視点から，文化を体現するリーダークラスの育成と，グローバルな彼らの"絆"づくりが必要である。2 4(4)で述べた人材基盤・組織の統合を進めるためには，理念の浸透と企業文化の統合は非常に重要なプロセスになる。なぜならば，理念の浸透を進めていくことで，買収企業，被買収企業間の考え方の違いも浮き彫りとなるが，それ以上にお互い大事にしている考え方も浮き彫りになるからである。企業文化が統合されていれば，人材や組織の理解と融合を促進することができ，さらに，意思決定のプロセスの透明化にもつながる。また，ガバナンスにおいても企業文化の統合は不可欠である。企業文化を相互に理解できれば，被買収企業が，どのようなリーダーシップ，意思決定スタイル，環境対応の仕方，チームワークによる仕事の進め方をするかを納得できるからである。逆に，自社が何を大事にするのかといった判断基準を被買収企業のメンバーに与えることで，合併後に自律的な規律が

図表1-6　企業文化の側面における統合へのインパクト

企業文化の要素	統合における影響
リーダーシップ	・独裁的なリーダーシップ，民主的に合議するか，そのスタイルが変わると，馴染めず，離反する人材がでる ・独裁的リーダーシップから民主的リーダーシップに変わると指示待ち中間管理職が多いため，中間管理職が機能しない
意思決定スタイル	・トップダウンの意思決定か，合意形成型かにより，意思決定プロセスが異なる ・意思決定の遅延，合意形成に影響を与える
環境対応力	・リスクをとるか，現状維持を志向するか ・新しい戦略を馴染ませ，納得させることへの影響
チームワーク	・公式な組織，役割分担でチームワークするか，非公式な人間関係でチームワークするか ・チームワークの進め方の違いを理解しないと，チームでのプロジェクトなどの推進が進まない

組織に備わることにもなる。

　海外企業の場合，トップダウンの意思決定が行われているため，買収後，被買収側のトップに去ってもらう場合には，トップがいなくなってもマネジメントできるように，ミドルマネジメントを育成するとともに，現場からの意思を吸い上げ，ボトムアップ型で意思決定できるように，企業文化を変えていくことが必要になる。

　日本企業がグローバルに事業成長をしていくためには，欧米企業とは異なる日本企業ならではの視点で，自社なりのPMIのプロセスを確立しなければならない。その際には，先述した課題について，自社なりのソリューションを明確にしていかなければならない。各プロセスについての詳細については，**第2章**に後述する。

第2章

戦略統合のポイント

1 戦略統合における問題点

　戦略統合の問題点として，被買収企業とどのような戦略を実現していきたいかをともに議論し，戦略を策定していくことが必要だ。しかしながら，日本企業の戦略統合においては，自社の中期経営計画を相手企業に説明し，一方的な目標予算の説明となることも多い。

　買収をしたが，統合がうまく進んでいないという場合，被買収企業の経営陣にヒアリングを行うと，「予算説明は受けたことがあるが，戦略に関する説明は受けたことがない」などのコメントを多く受ける。これは，戦略統合におけるコミュニケーションにおいて，日本企業が説明したつもりが，被買収企業にその意向は伝わっておらず，単に予算目標を割り当てられたという解釈に留まっていることが多いことを示している。このような事象が発生する要因としては，次のような点がある。

1　市場に関する共通理解が醸成されていない
2　戦略策定における買収企業・被買収企業が共同で行う意思決定プロセスが欠落している

1　市場に関する共通理解が醸成されていない

　海外でのM&Aの場合であれば特に，市場に対する共通した理解を醸成することに難しさが伴うことがある。現状の顧客の変化，競合の動向などに対して共通した理解の醸成がされていないと，戦略立案を買収企業，被買収企業で共に推進することができない。例えば，自動車産業であれば，所有から使用のシフト，さらには自動運転技術の大きな進展が自動車業界を大きく変貌しており，また，コネクティッドによるデータビジネスといった事業モデルの変化が起きている。さらに重電（いわゆる重電機業界）では大型発電プラントから分散電源へ，複写機業界では紙から電子データへといった急速なる市場環境の変

化が現れている。こうした変化は，イノベーションが進んでいる米国，ドイツなどで急速に進む。また，中国は，GDP（国内総生産）世界二位という地位も生かし，イノベーション発信の中心拠点となってきている。

さらに，新興国においては，非連続な成長により急速な進化を遂げると同時に，先進国とは異なる規制動向，少数の財閥が未だ経済に対する大きな影響力を有するなど，その市場環境は日本とは大きく異なる。また，固定電話の普及を飛ばし携帯電話が普及するなど非連続な変化がある反面，昔からの流通チャネルがなかなか近代化しないなど，市場環境の変化を予測し難い構図になっている。つまり，先進国，新興国ともに，日本市場とは異なる事情を多数抱えており，これらについて，日本企業の経営陣と被買収企業の経営陣が共通した理解の醸成を持つことは，困難を伴う。

2 戦略策定における買収企業・被買収企業が共同で行う意思決定プロセスが欠落している

戦略策定において，自社の考える戦略が被買収企業にどれだけしっかりと伝わっているか，さらに，予算の伝達ではなく，共に考え，策定した戦略であるかといった納得感を醸成することは非常に難しい。

特に，新興国の場合，家族的経営の割合が高く，経営者による単独かつ属人的な意思決定が多い。このため，経営会議や取締役会議などでしかるべき合理的なプロセスを経るケースは少なく，非常に不透明な意思決定のプロセスであることが多い。また，不連続な成長を遂げる，予測が難しい新興国市場においては，市場環境をどのように理解し，さらに，それに対して自社（買収企業，被買収企業ともに）がどのようにポジショニングをとり，顧客にとっての提供価値を実現していくのかのコンセンサスを創っていくことが大変重要であるが，このようなプロセスが醸成されていないことが多い。

例えば，買収企業がすでに策定された中期経営戦略を持参し，説明することで戦略に対する合意形成を済ませたと考えられるケースも意外と多い。この場合，被買収企業は，予算の説明は受けたが，戦略の説明は受けていない，まし

てや，戦略についての議論を共に行い，一緒に戦略策定を行ったという感覚は持ち得ないだろう。

このような戦略統合プロセスは買収と統合における最も重要なプロセスであるにもかかわらず，明確に確立されたプロセスを持っていないケースも多く，その場合，買収後，統合が進まず，シナジーを創出するということとは程遠い結果となる。最悪の事態はのれん代の減損を伴う。

ともに議論し，市場環境についての認識をあわせ，それに対してどのように差別化するかを議論し，戦略を策定し，それを実現するためにお互いのリソースをいかに活用することができるかを議論して初めて，シナジーをどのように具体的に実現するかを明確にできる。このプロセスなくして，シナジー，つまりのれん代を積み上げてまで買収を行う価値を実現する術を見出すことはできない。

2 戦略統合プロセスの位置づけと必要性

1　M&AからPMIへのプロセスにおける戦略統合プロセスの位置づけ

PMIのプロセスは，前述したように，戦略統合，業務統合，モニタリングの3つに分かれる（**図表2-1**）。

このうち，買収企業・被買収企業の経営陣同士の間で事業環境に対する共通認識を醸成し，統合後の戦略を策定していく戦略統合プロセスは，PMIの最初に位置づけられる。戦略統合プロセスは，買収と統合の難しさを克服するうえで，非常に重要なプロセスであり，本プロセスの成否がその後のプロセスの成否をほぼ決定するといってよい。

買収企業と被買収企業の経営陣が市場環境の変化に対する議論を尽くし，互いが納得した統合後の戦略を策定することによってはじめて，後の業務統合プロセスやモニタリングプロセスを進めていくための礎が築けるからである。

図表2-1 PMIプロセス(再掲)

	①戦略統合プロセス	②業務統合プロセス	③モニタリングプロセス
ゴール (あるべき姿)	被買収企業経営陣と買収企業のPMI担当者間で、「腹落ち」する戦略が定まっている状態	主要部門において、戦略実行のためのゴールとアクションプランが定まっている状態	主要部門の統合達成に向けた進捗状況が管理され、アクションが推進されている状態
課題	□ 現状経営陣の戦略に関する納得感の醸成 □ 経営意思決定プロセスの仕組み導入	□ 業務ルールの明確化とKPI策定 □ 業務間コンフリクト(利害衝突)の調整	□ 達成度合いの「見える化」
アクションプラン	結合推進人材の発掘と育成		
	□ SWOT分析:市場・競合・自社・チャネルに関する共通認識構築 □ 外部環境と自社グループ(買収・被買収企業)の強みを踏まえた納得感ある戦略統合プロセス □ 被買収企業の経営陣、各機能キーマンの巻き込み □ 本社から各種支援メニューの「見える化」	□ 戦略実現につながる各業務別分科会による目標設定と、その実現のための各種プロセス改善 □ PMO会議の開催:各分科会の進捗確認とコンフリクトに対する調整機能	□ 各種KPIの設定 進捗状況管理のための現実的なKPIを設定 □ KPIのモニタリング KPIの目標と現状のギャップを把握し、PDCAサイクルを推進

(出所) 野村総合研究所

2 戦略統合プロセスにおける実施事項

戦略統合プロセスでの実施事項ポイントは、次の点にある。

(1) 被買収企業に求められる役割の明確化
(2) 買収企業の本社・地域統括会社からのサポート内容の提示と継続的支援
(3) 事業環境の変化に対する、買収企業・被買収企業の経営陣間での共通認識の醸成
(4) 戦略ワークショップによる戦略統合プロセスの共有化・可視化
(5) 戦略統合プロセスと業務統合プロセスとを連携させるための業務KPI(重要業績評価指標)への落とし込み

特に海外企業のM&Aは、日本との市場環境の違い、言語などのコミュニ

ケーションギャップを考えると，買収企業は，被買収企業に対して求める役割と，提供するサポート内容について，時間をかけて伝え，統合後の戦略を構築することが必要になる。

(1) 被買収企業に求められる役割の明確化

戦略統合プロセスでは，両社経営陣の間で戦略に対する納得感を醸成する。そのためには，戦略統合プロセスでは，単に数値目標だけの合意形成ではなく，どのようなリソースを活用し，どのような顧客提供価値を実現するのかといった戦略での合意形成が必要である。そのためには現地経営陣に対して被買収企業に求められる役割を明確にしなければならない。

つまり，グローバルな買収企業の戦略のなかで，被買収企業がどのような役割を果たすべきなのか，その期待を明確に述べなければならない。

図表2-2　戦略統合プロセスの実施事項

推進ポイント	詳　細
ア）被買収企業に求められる役割の明確化	□ 全社グローバル戦略のなかでの被買収企業の位置づけと期待される役割を明確にする □ ストレッチングな数値目標を達成するための重点商品，顧客への提供価値，そのために必要なプロセス改革など，戦略に対する経営陣の納得性を醸成する
イ）買収企業の本社・地域統括会社からのサポート内容の提示と継続的支援	□ 戦略統合を実現するために本社・地域統括会社など買収企業がどのようなサポートができるのかを明確に提示する
ウ）事業環境の変化に対する，買収企業・被買収企業の経営陣間での共通認識の醸成	□ 買収企業と被買収企業の経営陣の間で，今後起きうる市場環境の変化など事業環境への共通認識を醸成する □ 買収企業・被買収企業グループ全体で，事業環境の変化に対してどのような強みが活かせるのかの共通認識を醸成する
エ）戦略ワークショップによる戦略統合プロセスの共有化・可視化	□ 事業環境の変化や自社の強み，弱みを検討したうえで，自社グループの強みを最大限に活かすことで，環境変化を事業機会とし，競合と差別化できる戦略を構築する
オ）戦略統合プロセスと業務統合プロセスとを連携させるための業務KPI（重要業績評価指標）への落とし込み	□ 統合戦略を実行へと移すため，開発，製造，販売・サービス，経理，人事，SCMなどの各業務のKPIへと落とし込む

（出所）　野村総合研究所

(2) 買収企業の本社・地域統括会社からのサポート内容の提示と継続的支援

被買収企業に期待する役割を明確にしたあと，その実現のために買収企業の本社・地域統括会社はどのようなサポートが提供できるのかを明確にする。

サポートの内容が具体的であれば，新規商品開発や大型顧客開拓，競合と差別化するための商品コンセプト・品質基準などの重要事項は，買収企業との議論のうえ決定できるからである。

つまり，単に高い目標設定を示すのではなく，それを実現するために買収企業が被買収企業に与えられるサポート内容を早期に明確化することは，被買収企業が買収企業と議論する動機づけにもなり，統合後のシナジーをいかに生み出して，より具体的な議論を可能にする。

(3) 事業環境の変化に対する，買収企業・被買収企業の経営陣間での共通認識の醸成

戦略統合プロセスで重要なのは，買収企業と被買収企業の経営陣が事業環境に対して同じ認識を持つことである。現状の事業環境のみならず，今後起こりうる変化を見据えた共通認識も醸成する。

例えば，新興国の食品産業であれば安くなれば消費者は店頭で商品を手に取らないという理由から，現状では価格にだけ焦点が当たってしまいがちである。このような市場を前提としていては，買収企業の持つ高い品質管理や生産管理，グローバルマーケティング力などは活かしきれない。

しかしながら東南アジアでは，今後，コンビニエンスストアなどのモダントレードの台頭により流通環境が急速に変化していくことが予想されている。このようなモダントレードの普及に伴ってチルド物流が発展すると，今後，品質に対するニーズも大きく変化することが考えられる。

流通環境が変われば，流通が商品に求める品質基準も大きく変化する。消費者の嗜好の変化を流通が先取りしていく形で，味に関してはもちろん，例えば

健康志向への誘導や，環境を意識したパッケージの導入なども進むであろう。

今後，発生しうるこうした市場環境の変化は，競合を差別化する大きな事業機会と捉えることができる。それらを事業機会としていくには，市場環境の変化に伴う事業機会と脅威，買収企業と被買収企業の強み・弱みを棚卸しして整理する。その際は，被買収企業の強みだけではなく，買収企業グループ全体のグローバルレベルでのリソースも含め，どのような強みを活かすのかを考える。事業環境の変化へのこうした共通認識を持つとともに，その変化に活かせる自社グループの強み，および脅威にもなりかねない弱みに対しても双方間で共通認識を醸成する。

(4) 戦略ワークショップによる戦略統合プロセスの共有化・可視化

戦略構築プロセスは，買収企業・被買収企業の経営陣および各業務のキーマンが，戦略ワークショップに参画する形で共有化・可視化する。

具体的には，戦略ワークショップに両社の，開発，製造，販売・サービス，経理，人事，SCM（サプライチェーンマネジメント）などのキーマンを参画させる。戦略統合プロセスで重要なのは，策定した戦略を業務レベルにまで落とし込んでいけるかどうかである。

戦略には合意しているものの，それを業務担当者レベルがすべきことや目標値（KPI）にまで落とし込めなければ，戦略は「絵に描いた餅」である。そうならないように各業務のキーマンを戦略ワークショップに参画させ，共に議論することで納得感を醸成し，業務統合プロセスに着実につなげる。

その際はバランススコアカードのようなフレームワークを使って，①財務，②顧客，③内部プロセス，④学習と成長（人材育成や社内インフラ整備）の4つの視点に基づき，企業戦略の定量的な目標に向けた議論をするのも有効な方法である。

先進国でも被買収企業がオーナー系企業である場合，戦略策定を経営者に依存しているケースが多い。したがって，経営者・各業務のキーマンがこのような形で集まり，SWOT分析などのフレームワークのもとに，事業環境に対す

る共通認識と戦略策定の納得感を醸成しながら議論する「プロセス」と「場」は非常に重要になる。

(5) 戦略統合プロセスと業務統合プロセスとを連携させるための業務KPI（重要業績評価指標）への落とし込み

上述の戦略策定に加え，それを支えていく開発，製造，販売・サービス，経理，人事，SCMなどの各業務部門が，戦略を実現するうえでどのような役割を担うべきかを考え，それを業務レベルのKPIへ落とし込むことも重要である。

これにより統合状況のモニタリングが可能となる。統合をこうした定量的な目標値に展開することで，のちの業務統合プロセスへ連携させやすくなる。

③ 先行事例からみた戦略統合の進め方

1 キリン

キリンの東南アジア統括会社であるキリンホールディングスシンガポール社は，2015年8月19日，ミャンマーでビール事業を展開するミャンマー・ブルワリー社（以後MBL）の発行株式総数55％をシンガポールのフレイザーアンドニーヴ社（以後F&N）より取得した。MBLは，Myanmar Beer（ミャンマー・ビール），Andaman Gold（アンダマン・ゴールド）等のブランドを製造・販売するミャンマー第一のビール事業を展開しており，製造拠点のあるヤンゴンを中心とした販売網を通じて，国内ビールシェア8割を保有し，ミャンマー全土にその事業を拡大していた。キリンがミャンマーに着目したのは，軍事政権下から民主化・経済制裁解除の動きのなかで，今後の高成長・消費拡大が期待される有望市場だからであり，MBLの事業基盤をベースに，キリングループのブランド，技術力，商品開発力やリサーチ・マーケティング力を生かし，より大きな成長を目指している。

2015年，MBLを買収する前には，キリンのアジア事業にはさまざまな前哨戦があった。そのため，まずはキリンのアジア事業における経緯を述べたいと

思う。

　キリンは，2010年7月，シンガポールのF&Nの株式，14.7％を取得しさらなる株式取得も検討していたが，2012年には，タイのビール・飲料大手であるタイビバレッジとの買収合戦に発展し，金額がつりあがったことにより，2013年，保有する株式を売却し，事実上の撤退をしている。その結果，F&Nはタイビバレッジの子会社となった。タイビバレッジによるF&N買収により，F&Nが55％，残りをMEHL（ミャンマーエコノミックホールディングスリミテッド社）が保有しているMBLの経営について，MEHLが新しいF&Nのオーナーとなったタイビバレッジと共同経営することに対して，シンガポール裁判所に仲裁を申し立てた。その結果，MBLの経営について，MEHLが新しい株主であるタイビバレッジとの共同での経営について，最終的に同社の申し立てが受け入れられた。これにより，MEHLは新しいパートナーを探し，キリンは新しいパートナーとしての提案をMEHLに行った。キリンがF&Nの元々の14.7％の株式を保有していた頃からMBLの経営について，理解が深かった

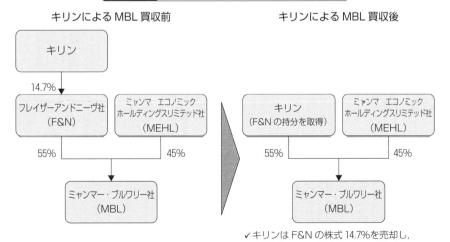

図表2-3　キリンによるMBL買収前後の資本関係

（出所）　キリンホールディングス㈱ヒアリングより筆者作成

こと，また，MEHL もキリンが持つ技術力への理解，欧米企業とは異なる相手を尊重した買収提案を高く評価され，2015年，キリンが MBL の共同経営パートナーとして選定された。そして，MEHL はキリンを合弁パートナーとして指名し，キリンは F&N が保有する MBL の株式，55%を買い取る三角取引が成立した。

キリンは，同時期に投資したブラジルキリンが不調に陥ったことの反省などから，海外 M&A においては各国の状況・マネジメントケーパビリティに応じた投資後の経営への携わり方が大きなポイントであると組織としての大きな教訓を獲得している。そのうえで，投資後，ぶれない戦略とビジョンを持ち，それらを確実に実行していくことが大事であると学んでいたことから，戦略とビジョンの共有と統合には大いに力を入れた。その結果，キリンは MBL 買収が成立する前から入念に統合のシナリオを策定した。成長するミャンマー市場で，投資を行い，ミャンマーでの成長を目指すために，MBL とキリンで実現したいビジョンと戦略を確立することに力を入れた。

キリンにおける戦略統合のポイントは，次の点にある。

> (1) 被買収企業の組織能力の判断とガバナンス体制の構築
> (2) ブランド価値を高めるマーケティング戦略
> (3) プレミアム商品戦略
> (4) 安定した品質で商品が供給できる生産体制の確立
> (5) 統合推進体制

(1) 被買収企業の組織能力の判断とガバナンス体制の構築

キリンは，ブラジルキリンにおけるスキンカリオールへの投資が不調に陥ったことの反省から，PMI において，ハンズオン，ハンズオフの判断の難しさを学んだという。本社があまりにも関与しすぎると現地経営陣の独立性を阻害するし，かといって，任せすぎて放任になってもいけない。その結果，MBLの組織能力や競争環境をいかに評価し，その結果としてどのようなガバナンス

体制を構築するべきかを判断した。

　そして，ビジョンと戦略統合前に，MBLの理念体系の再構築をローカルの幹部を巻き込みながら実施した。さらに買収・統合前の縦割りの経営管理の弊害をなくすため，経営情報をローカルの部門長にも開示し，同時に部門間の横連携がしやすい組織運営を導入している。

(2)　ブランド価値を高めるマーケティング戦略

　特に主力商品であるミャンマービールブランドの価値を高める戦略を重点的に練った。どのようにしたらブランド価値が高まるか，マーケティング上の重点的に見るべきKPIを明確にした。こうしたマーケティングに関する考え方，市場の分析の仕方については，キリンがノウハウを提供し，MBLの経営陣と議論を重ね，マーケティング戦略を構築した。

　ミャンマーでは，ビールは外で飲むものという観念が強く，ビール消費の8割が外食市場で占められており，家庭市場が7割である日本市場と大きく異なっている。つまり，家に持ち帰って飲む市場はまだ未発達であることから，オントレード市場（外食市場），つまり，ビールステーションなどの外食市場でいかに強いブランドを創るかということにフォーカスし，外食市場でブランド認知を広めた。酒類のテレビ広告は行えず，屋外広告などは限定的であり，お店でのブランドコミュニケーションが将来を大きく左右すると考え，重点的に力を入れた。また，ブランドアンバサダーのようなお店への労働力提供に依存しないようにした。なぜならば，安易にお店への労働力提供に依存するよりも地道にビールステーション市場でのブランドコミュニケーションを通じて，認知をあげることがブランド力向上のためには大事だと考えたからである。その結果，都市，さらには地方の外食市場での強いブランド認知を高めていくことができた。今後，ミャンマーにおいても店舗でビールを購入し，家で飲むという習慣が根づいたとしても，外食市場での強いブランド認知が基本となる。そのため，キリンは日本から派遣されている社員，現地社員が一丸となり，マーケティング戦略を推進している。

(3) プレミアム商品戦略

　キリンは，MBL が展開していたプレミアムビールである ABC EXTRA STOUT BEER，タイガービールなど高級ビールのライセンス提供が，F&N との関係が切れることにより，契約解除されることを見越していた。このため，買収契約締結前から，プレミアムビールについては，一番搾りの投入を検討をしていた。そして，それに伴い，どのような支援を行うべきかを先回りをして検討を行っていた。

　その結果，戦略統合において，買収契約直後，つまり DAY 1 から，具体的な商品戦略の議論を行うことができた。その結果，MBL は今後起こりうるライセンスの打ち切りを見越し，早期での対策検討ができた。これは，同社経営陣，45％の株式を持つ MEHL にとって，キリンとの戦略議論についての意義を強く認識し，商品戦略をともに議論し策定していくことができた。その結果，キリンは，MBL 買収後の2015年秋，新製品第一弾である黒ビール，「ブラック・シールド・スタウト」を発売，さらに麦芽100％の独自ブランド「ミャンマー・プレミアム」，2016年3月には，一番搾りを投入した。

　これにより，MBL の弱点であるプレミアムビールにおいて，ハイネケンなどに対抗し，商品を投入することに成功し，さらに今後大きく成長すると思われる家庭用プレミアム市場に対して，迅速に戦略を展開している。

(4) 安定した品質で商品が供給できる生産体制の確立

　さらに，市場の潜在性は高いが，過去からの欧米の経済制裁から十分な設備投資ができなかった MBL に対して，設備投資，技術支援を行い，生産体制の確立を行うことを戦略の中核においた。買収契約締結前に工場の拡張プラン，それに伴うキリンのエンジニアリング子会社からのノウハウ供与，麦芽，ビン，缶などの部材の調達共通化，などグローバルな調達統合シナリオも練った。工場においては，買収直後から，増産が進む生産ラインでの効率的な運営方法などを一緒に考え，キリンからの生産技術人材が MBL の工場スタッフとともに

知恵を絞り，汗を流すことによって，生産体制の確立を推進した。

　ミャンマーという市場性から，急激な経済成長にあわせて，とてつもない短期間で，低コストオペレーションや使いやすい設備を選定することが求められる。キリンから派遣されている生産技術スタッフが，設備投資を行うプロジェクトマネージャーとして，地元人材のOJTでの育成を行いながら，推進を行った。現地スタッフの考え方・主張をしっかりと聞き，言語や経験の異なるメンバーの思いをしっかりと受け止め，初期投資をなるべく安く，かつ運営コストを安くすることと品質の安定という難しい課題を解決するため，地道なる現地スタッフとの議論により，実現した。その結果，新製品の立ち上げは通常，1年かかるところを本社から生産技術畑の幹部を送り込むことにより，半年に短縮し，市場で戦うための増産体制の構築が迅速に達成できた。

(5) 統合推進体制

　そして，買収契約が成立するとともに，統合推進体制を早期に確立したことが，戦略統合とその推進を強力に後押ししたといえる。

① 経営チーム

　まず経営チームとして，社長，副社長，CFOの3名をトップマネジメントとして派遣を行った。意思決定はボードメンバー5名で行われ，そのうち，日本から派遣されている社長，副社長，そして日本から提携・海外事業統括する副社長が非常勤取締役として，ボードに入り，ボードの過半をとった。こうした体制を構築することにより，キリンからの経営陣が統合において重要だと考える戦略，つまり，マーケティング戦略，商品戦略，生産体制など重要なる戦略について，MBLの経営陣の考え方を尊重しながら，実現したい戦略について，お互いの意識をあわせていった。

② 各機能のプロジェクトチーム

　経営チームの統合推進体制構築に加え，各機能のキーパーソンとして，生産，

マーケティング，営業，エンジニアリング，市場分析で合計5名のキーパーソンをキリンより派遣した。特に市場の環境が見えづらいミャンマー市場において，経営環境の分析を行えるプロを派遣し，市場分析の切り口，分析ノウハウがある者を派遣した。これは戦略の展開において，市場環境を迅速に把握をし，PDCAを迅速に回せる体制にした。この5名の機能キーパーソンは現地人の機能トップをサポートしながら，ノウハウの移転，サポートを推進していった。こうした体制が，戦略統合を進めるうえにおいて，戦略の展開状況を常にトップマネジメントが把握し，戦略の推進力を高めることに大きく寄与した。こうして，2015年以降，3年間弱，統合を推進してきているが，その成果は業績，ブランド認知，新製品投入といったところで着実に成果となって現れている。

キリンはブラジルでの反省も踏まえ，現場での市場・事業の状況がきちんとわかるKPIの切り口については，毎月報告を受けながら今に至るまで改善を続けている。

2 富士フイルム

富士フイルムは，メディカル・ライフサイエンス事業を，予防・診断・治療の全領域をカバーする総合ヘルスケア事業として大きく成長させようとしている。同社は，メディカル・ライフサイエンス事業領域において，多くの企業買収を行ったが，ここでは，世の中での新しい領域である再生医療，アルツハイマー向け製薬の開発などの買収を行った富山化学，CDI，ジャパン・ティッシュ・エンジニアリグの3社について述べたい。

(1) 買収した会社の概要

① 富山化学

2008年には富山化学をTOBにより，買収している。富士フイルムは富山化学の第三者割当増資の引き受けと株式公開買い付け（TOB）を通じて，富山化学の株式，66％を取得し，残りの34％を大正製薬が取得した。富山化学には，アルツハイマー病治療薬T-817MA，インフルエンザ治療薬T-705，などの開

発，新薬創製研究などの研究開発費の増大と自社開発品の販売網の整備に力を入れていた。2018年5月には大正製薬の持分を買い取り，100％子会社化している。

② ジャパン・ティッシュ・エンジニアリング

　富士フイルムは，2010年，自家培養表皮等を販売する再生医療ベンチャー企業「ジャパン・ティッシュ・エンジニアリング」（J-TEC）の第三者割当増資を引き受け，約40億円を出資し，発行株式の41％を保有する筆頭株主となった。さらに，2014年には，新株予約権の行使によって，株式の50％超を握り，子会社化している。同社は，写真で培った高分子材料の「足場」技術に，J-TECの「細胞培養」技術を組み合わせることで，再生医療事業に本格進出した。

③ CDI買収

　富士フイルムホールディングスは，iPS細胞の開発・製造のリーディングカンパニーであるCellular Dynamics International, Inc.（CDI）を買収した。CDIは，2004年に設立され，2013年7月にNASDAQに上場したバイオベンチャー企業であり，良質なiPS細胞を大量に安定生産する技術に強みを持っており，大手製薬企業や先端研究機関など多くのユーザーとの供給契約，開発受託契約を締結している。買収当時，創薬支援や細胞治療，幹細胞バンク向けのiPS細胞の開発・製造を行っており，すでに創薬支援向けでは，心筋や神経，肝臓など12種類の高品質なiPS細胞を安定的に提供していた。

(2) 富士フイルムホールディングスの買収に関する考え方

　再生医療の買収を牽引してきた，戸田副社長（CTO）は買収には2種類あるという。ひとつは，今を買う，そして，もうひとつは将来を買う買収だ。富士フイルムホールディングスが行った買収でも超音波診断装置メーカーのSONOSITEは今を買う，つまり現存している商品ポートフォリオを買収した。しかしながら，富士フイルムホールディングスのメディカル・ライフサイエン

スにおける買収の特徴は誰も予想ができない将来を買収している。①富山化学，②ジャパン・ティッシュ・エンジニアリング，③CDIの3社は，すべて，将来を買う買収である。

富山化学においては，製薬業界のなかで異端児であった。つまり，通常，製薬企業は症状に対する対処療法で，新薬を開発する。しかしながら，富山化学の特徴は，原理に基づき，根源理由を根絶する薬の開発を狙っていることだ。つまり，感染症薬であれば，ウィルスの増殖の根源理由を根絶することを狙っている。こうした本質に迫る新薬開発は非常に困難を伴う。インフルエンザ薬，アビガン，そしてアルツハイマー薬，T817についても，それぞれの病気の根源を解決しようとする大変困難を伴う開発である。

そして，2010年には，表皮・軟骨の再生技術を持つ，ジャパン・ティッシュ・エンジニアリングを買収している。さらに，CDIは細胞の先駆者を買収した。IPS細胞からさまざまな用途の細胞を作り出すCDIは細胞の先駆者である。これらの会社を買収したことにより，研究テーマと人材を獲得した。これらは，どれも市場がまだ形成されていないものを買収している。これは，まだ実現していない技術と人を買収し，ともに未来を実現することを狙った買収である。

(3) 富士フイルムの戦略統合

前述の3社の買収を推進した富士フイルムの戸田副社長は，こうした買収において，戦略の方向性をあわせていくためには，買収する会社がいかに，"目利き力"と"ストーリ"を構築する力があるかが鍵であると話している。そして考え方の基盤にあるのが正義感に基づく"ゲームチェンジ"，つまり業界既存の常識を壊すことであるという。元来の製薬業界の常識に疑問を持ち，患者のためにという正義感で考え，解決されていない医療の課題に対して，それをどうしたら解決できるかを考え，そして，それらを解決していきたいとう明確なるビジョンを掲げている。そのうえで，それらの解となり得る有望な技術を持っている会社を見出し，自社の持っている技術，仕組みを組み合わせること

で成長するためのストーリを構築すること，それが富士フイルムの戦略統合である。つまり，"患者のための根源的な病気の解決"というビジョンの共有を行い，業界の常識にとらわれない戦略の統合を行っている。

① 富山化学における戦略統合

　富士フイルム経営陣は，富山化学の経営陣とお互いが目指すべき成長戦略としての商品ポートフォリオの強化とそれを実現するための支援体制を明確にした。富山化学は，感染症領域をはじめ，開発パイプラインに「抗ウィルス剤」，「アルツハイマー型認知症治療剤」，「抗リウマチ剤」など同規模の業界他社と比較し，有望な新薬領域を有しており，世界的な企業への開発品の導出実績を多数有している。富山化学にとっては，富士フイルムが持つ写真フイルムで培ったナノテクノロジーの技術をもとに，有効成分を患部に的確に命中させる技術を活用することが可能となり，新薬パイプラインの強化，および治験期間の短縮が期待され，従来にない新たな医薬品を開発することが可能となることをお互いの経営陣が議論をし，意識をあわせていった。

② ジャパン・ティッシュ・エンジニアリグにおける戦略統合

　富士フイルムは2009年，「医薬品研究所」を新たに設立。写真で培った高分子材料，素材の成型技術などを応用し，リコンビナントペプチドを足場とする素材研究を進めてきた。

　富山化学を買収することにより，富士フイルムが持つリコンビナントペプチドを足場とする再生医療の素材研究と，ジャパン・ティッシュ・エンジニアリグが持つ，自家培養表皮など自家細胞を使った再生医療の技術を組み合わせることで，再生医療における開発，事業拡大の加速を行う戦略を経営陣で議論し，策定した。

③ CDIにおける戦略統合

　富士フイルムは，これまで写真フイルムの研究開発・製造などで培ってきた

技術やノウハウを活用して，再生医療に必要な，細胞増殖のための「足場」として，生体適合性に優れ，さまざまな形状に加工できるリコンビナントペプチド（RCP）を開発している。CDI 社買収を通じ，iPS 細胞を使った創薬支援分野に参入することが可能となった。さらに，CDI 社の iPS 細胞関連技術・ノウハウと富士フイルムの高機能素材技術・エンジニアリング技術やジャパン・ティッシュ・エンジニアリングの品質マネージメントシステムとのシナジーを発揮させ，再生医療製品の開発加速，再生医療の事業領域の拡大を図るとともに，再生医療の産業化に貢献しようとしている。

さらに，IPS 細胞から万能細胞を作り出す CDI に，培地のリーディングカンパニーである Irvine Scientific Sales Company, Inc.（アーバイン・サイエンティフィック・セールス・カンパニー），メルクから買収した FUJIFILM Diosynth Biotechnologies によるバイオ医薬品受託製造子会社の生産能力などを加えることで，産業としての再生医療を強化しようとしている。

(4) 戦略を実現していくための仕組みの構築

戦略に対する考え方を統合しても，ベンチャー企業を買収すると，それを実現していくための考え方を構築していかなければならない。例えばジャパン・ティッシュ・エンジニアリングはベンチャー企業であったので，戦略実現に向けて，着実に実現していく仕組みが乏しかった。つまり，自家細胞を用いた再生医療製品のビジネスモデルを世に送り出したことで満足していた同社を売上拡大し，黒字転換していくにはどうしたらいいか，社員が考え，戦略を構築し，推進していく仕組みをつくった。そして，現場のリーダーも巻き込みながら，その PDCA を回していくことで仕組みを定着していった。これは上場廃止になるかもしれない，という危機から，元来は富士フイルムとの取締役会議前に取締役会議向け準備として行っていた経営会議を，月に 2 度，市場環境，戦略を議論する場と変えていった。

4 戦略統合プロセス成功のポイント

　M&A・PMIの難しさを克服するため、買収企業・被買収企業の経営陣の間で、事業環境と戦略への共通認識を醸成する戦略統合プロセスで実施すべき事項、およびその先行企業事例を紹介した。本章では、戦略統合を成功に導くうえで特に重要なポイントを述べる。

　戦略統合プロセスを着実に実行するうえで特に重要なのは、次の点である。

> 1　被買収企業の組織能力の見極めとガバナンス体制の構築
> 2　ビジョンの共有と戦略の構築
> 3　統合推進人材（チェンジ・エージェント）の育成
> 4　統合状況をモニタリングできる統合推進体制づくり

1　被買収企業の組織能力の見極めとガバナンス体制の構築

　キリンの事例にあるように、PMIにおいて、大きなポイントとなるのは、ハンズオン、ハンズオフの判断の難しさである。本社があまりにも関与しすぎると現地経営陣の独立性を阻害するし、かといって、任せすぎて放任になってもいけない。つまり、被買収企業の組織能力や競争環境をいかに評価し、その結果としてどのようなガバナンス体制を構築するべきかを判断すべきだということである。例えば、被買収企業がオーナー系企業であり、中間管理職が育っていない場合であれば、ガバナンス体制の構築には中間管理職の育成は欠かせない。また、縦割りの組織であれば、組織横断的に経営情報を共有する仕組みの構築が必要となる。さらに、ベンチャー企業で技術はあるが成長戦略を構築し、PDCAを回していく仕組みがなければ、そのような仕組みの構築から行わなければならない。

　こうした判断をするために、まず被買収企業がどの程度の組織能力を持っているかの見極めを行うことが極めて重要になる。このような組織能力の見極め

には，被買収企業がどのような理念を持って経営しているのかを理解する必要がある。そのため，自らの理念を押し付けるのではなく，被買収企業がどのような理念に基づいて経営しているのかを理解することは，被買収企業の組織能力を判断するうえで大変重要な判断要素となるし，共に理念を再構築することは，ガバナンス体制の再構築においては大きな礎となる。

2 ビジョンの共有と戦略の構築

　戦略統合プロセスの成否は，買収企業・被買収企業の経営陣が互いに納得できるまで議論し，事業環境の共通認識を持つことにかかっている。
　グループ全体での強みと事業機会，弱みと脅威を理解し，そのうえで戦略を策定する。
　技術の急速な変化や，将来どのような非連続の変化が発生するかを予測することはもちろん，現状の市場環境についての共通認識を持つのも難しい。しかしながら，こうした共通認識なしには，買収企業・被買収企業の経営陣の双方が納得できる統合後戦略を策定することはできない。経営陣が納得できる戦略を策定するには，市場環境の変化についての徹底した事前調査が必要である。例えば，キリンはMBL買収が成立する前から市場についての調査を入念に行ったうえ，統合のシナリオを策定し，成長するミャンマー市場で，投資を行い，ミャンマーでの成長を目指すために，MBLとキリンで実現したいビジョンと戦略を確立することに力を入れた。
　そして，それらの構築のために，ローカルの幹部を統合直後から巻き込み，共にビジョンと戦略を構築している。富士フイルムも同様だ。ベンチャー企業である被買収企業のビジョンを理解し，自社が実現したいビジョンを共有し，互いの技術シナジーにより実現したい戦略をともに構築している。
　さらに，自社グループが保有する強みや弱みを棚卸ししておくことも重要である。市場環境の変化に自社グループのどのような強みを活かせば差別化できるのかを，買収企業の統合推進チーム内部で事前に議論する。こうした議論の前提には，被買収企業の強みのみならず，自社（買収企業）および子会社を含

めたグループ全体がどのような強みを持っているのかを整理する。こうして整理された両社の強みを活かし，非連続が予想される市場変化を事業機会としていくため，自社グループのどのような強みを活かし，どのような顧客への提供価値を実現するのかを，買収企業・被買収企業の経営陣が徹底的に議論し，双方の納得感を醸成することが必要になる。

それには，統合前から重要業務別に統合推進チームを組成し，被買収企業に期待する役割，今後発生しうる事業環境の変化，自社グループの強み，実現したい被買収企業とのシナジーを棚卸しし，整理しておくことが大事である。

3 統合推進人材（チェンジ・エージェント）の育成

M&A・PMIを成功させ事業を持続的に成長させていくうえで重要なのが，統合戦略を理解し，それを各業務に落とし込んでいく統合推進人材，「チェンジ・エージェント」の育成である。一般に，こうした人材は限られていることから，案件が異なっても常に同じ人材が投入されるケースが多く，その結果ノウハウが属人化しがちである。特に新興国の場合，その市場に詳しい特定の少数人材が統合推進人材として派遣され，その後の類似案件にも継続的に投入されるため，そのノウハウは，ますます属人化してしまう。こうした事態を防ぐには，統合推進人材を組織的に育成していくことになる。買収企業側の人材であれば，重要業務の統合を推進できるキーマンと有望な若手を組み合わせることで計画的な人材育成が可能となる。厳しい経済環境下で出張人員数を制限している企業が多いなかにあって，人員を組織的に育成していくためには，このような機会はまたとない。

被買収企業側の人材については，デューデリジェンスの段階で各重要業務のキーマンを選抜しておき，戦略統合プロセスから参画させて被買収企業側の人材育成を進めていかなければならない。

4 統合状況をモニタリングできる統合推進体制づくり

戦略を着実に実行するためには，そのモニタリングができる統合推進体制が

不可欠だ。例えば，キリンにおいては，買収・統合前の被買収企業の縦割りの経営管理の弊害をなくすため，経営情報をローカルの部門長にも開示し，部門間の横連携がしやすい組織運営を導入している。富士フイルムにおいても，戦略を構築し，推進していく仕組みとして，現場のリーダーも巻き込みながら，戦略実行状況について，PDCAを回していく仕組みの構築と定着を行っていった。

　このように，戦略統合プロセスから業務統合プロセスへ進むと，各業務別の統合プロセスの過程で，業務間の意見の不統一や利害衝突が起こるようになる。これを解消しなければ会社がばらばらになってしまう。利害衝突とは，例えば，顧客への納期を重視する営業部門と，在庫の削減を優先する生産部門との対立である。部分最適を進めていくと企業全体の業務間の整合性がとれなくなり，その結果，顧客サービスの品質低下を招き，売上・利益に悪影響を与える。各業務間のこうした利害衝突を早期に発見して調整し，統合後戦略を着実に実現していくには，統合の全体状況を高い視点で見渡せ，各業務間での利害衝突を調整する組織機能が必要となる。

　こうした状況に対応して，PMIを進めるうえで，策定した戦略をぶれのないようにしていくためにも，買収企業・被買収企業の経営陣で構成されたPMO（プロジェクト・マネジメント・オフィス）を構築し，統合プロセス全体をモニタリングすることが必要である。

　PMOの下には開発，製造，販売・サービス，経理，人事，SCMなどの業務別分科会を構成し，各業務で統合を議論する。業務統合プロセスの過程で発生する業務間の利害衝突や意見の不一致は，業務間の不協和音を招き，最終的に戦略そのものがぶれてしまう。このような業務間の意見の不一致などは，PMOにその都度上申して，経営陣が戦略を再確認し，解消する。例えば，最短のリードタイムと在庫の最小化といったトレードオフをバランスさせ，売上の最大化と在庫の最小化を実現するSCMへの意見決定，品質と価格をバランスさせ，競合と差別化できる顧客への提供価値の決定をしなければならない。

　こうした部門間の利害衝突を調整し，戦略を推進するためには，ステアリン

グコミッティ配下にある PMO が統合の進捗状況を常にモニタリングし，業務統合プロセスでの利害衝突を迅速に上申し，かつ意思決定すべき項目を明確にする。さらに意思決定ができるための必要情報を収集して経営者に事前に提供する。このように迅速な意思決定を実現できる組織機能を構築することが重要である。

　ステアリングコミッティ会議上で，経営陣が迅速に意思決定を下している姿を各業務の統合推進人材が見ることで，戦略に対する実現意欲が増し，向かうべき方向への意識づけはさらに高まる。

　日本企業の成長の源泉として，今後，海外市場での買収と統合の重要性がさらに高まる。それを成長させていくためには，シナジーを出せる戦略統合プロ

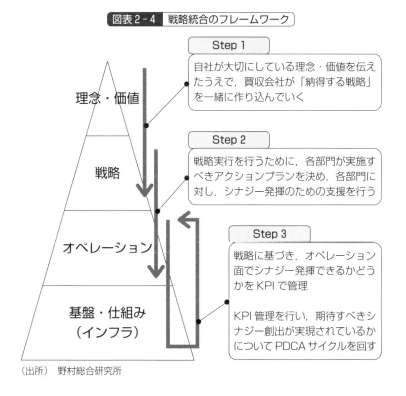

図表2-4　戦略統合のフレームワーク

（出所）野村総合研究所

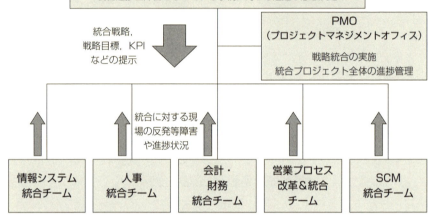

セスと体制、人材育成の仕組みに、経営陣、事業部門、人事部門がしっかりと入り込んで進めていくことが求められる。

第3章

業務プロセス統合

1 業務プロセス統合の問題点

　日本企業における海外での買収と統合は増大傾向にある。こうした買収と統合を成功させていくために，買収企業，被買収企業の業務プロセスを統合していくことは業務の効率化の観点からも，ガバナンスの観点からも非常に重要だ。買収企業にとって，業務プロセスが統一されていないと，異なる言葉の定義，プロセスが並存する形となり，効率性上問題であるばかりではなく，業務の中身が可視化されないため，ガバナンス上問題を生じることが多いからだ。

　こうしたなか，日本企業が業務プロセス統合を進めていくうえでは，いくつかの問題点がある。それらは，次のような点である。

1　標準化されている業務が少ない
2　業務プロセスを統合したい範囲が明確ではない
3　業務統合で目指すゴールが明確に示されていない
4　業務プロセスの標準化・統合を推進する人材が少ない

1　標準化されている業務が少ない

　海外企業を買収する場合，被買収企業の各業務には職務記述書（JOB DESCRIPTION）に明確に規定されていることが多い。各業務のプロセスも同様に明確に規定されていることが多い。これは先進国企業，新興国企業においても同じであり，日本企業が極めて例外といってもいい。日本企業においては，職能給制度であることが多く，それぞれの個人の業務は極めて個人の力量に依存した形で回されることが多いため，職務記述書が明確になっていないことも多い。こうした環境で仕事を進めてきた日本企業が海外企業を買収・統合する場合，被買収企業との間で，業務に対する意識，標準プロセスの必要性についての意識が全く異なっているということも多い。

　もちろん経理業務のように会計基準などに準拠して業務を進めなければいけ

ない業務は別として，人事業務，調達業務，情報システム業務など，明確な標準化されたルール，プロセスが存在していない業務は多い。このように，日本企業が明確なる業務の標準化プロセスを持っていないことが，業務を統合していくうえでは最大の障害となる。

2　業務プロセスを統合したい範囲が明確ではない

　さらに日本企業にとって問題になるのが，何を標準業務プロセスとして統合したいかを明確にしていないことが多いことである。買収企業，被買収企業が統合する過程において，日本企業はどの業務を標準化・統合したいかを明確にすることが必要だ。なぜならば，統合プロセスにおいて，すべての業務を統合することは非現実的であり，被買収企業の強みが殺がれてしまうことすらあるし，地域性の観点からも標準化しないほうが良い業務も多いからだ。しかしながら，日本企業の買収において，標準化と統合を行うべき業務の範囲，さらにどのレベルまでの統合をしなければならないのかといったことを明確に示しているケースは極めて少ない。その結果，被買収企業にとっては，統合プロセスの工程が見えづらく，結果として，多くの業務が統合前のままで残るケースも多い。

3　業務統合で目指すゴールが明確に示されていない

　日本企業に買収された企業から見た日本企業の良さとして，「日本企業は我々の文化を尊重してくれた」「欧米企業と違って自分達のやり方を押し付けなかった」というコメントを耳にすることが多い。このように，被買収企業の従業員のモチベーション維持は重要なテーマではある。

　しかし，一方で，被統合会社からは，統合プロセスに受身になりがちな日本企業への厳しいコメントもある。「どのように進めていきたいのか，統合プロセスの全体像が明確になっていない」「業務統合をしていく際のメリットの提示が弱く，業務統合を本当に進めてよいのかわからない」と，日本企業のリーダーシップの発揮をより強く望む声もある。このように，日本企業においては，

相手を尊重するあまり，相手に対して業務統合のゴールを明確に示していることは少なく，その結果，業務統合を推進する目的が明確にならないまま，時間が経過してしまうことも多い。

業務には事業の強みに直結している開発，生産，マーケティング・販売，サービス，SCMのような業務と，コーポレート系の業務である人事，経理，情報システムのような業務があるが，これらの業務について，統合してどのような姿を目指していくのか，それぞれの業務において明確なゴールを示さなければいけないが，目指す姿が描ききれていないことが多い。

4　業務プロセスの標準化・統合を推進する人材が少ない

海外企業を買収し，業務統合をするには，業務プロセスの標準化を推進する人材が必要になるが，それには高度なスキルとコミュニケーション力が要求される。各業務統合について，被買収企業の業務の強みを理解し，お互いに議論しながら，目指す姿を描き，被買収企業に入り込み，業務プロセスの標準化と統合を行い，その浸透を行える人材は非常に少ない。

特に，生産，品質管理など買収企業の競争力の源泉となっているプロセスにおいては，業務プロセスの標準化を推進する人材は，買収企業の強みを生かしたシナジーを獲得するうえでも重要になる。しかしながら，こうした業務プロセスの標準化・統合を推進できる人材は少ない。なぜならば，考え方も文化も異なる相手組織のなかに飛び込み，多少のコンフリクト（利害衝突）をおそれずに，相手との密なコミュニケーションを通じて業務統合を推進していく資質が求められるからである。

また，このような人材は，買収を通じて企業内に存在しているものの，買収の都度，同じ人材がPMIにあたるため組織的に育成されていないことが多い。その結果，常に同じ人材が業務の標準化と統合を行うため，さらに同じ人材に知識が蓄積され，組織として，PMIを推進できる人材を育てられていないことも，日本企業の大きな問題である。

「買収企業で業務統合を実施している顔ぶれが10年前と変わらない」という

海外M&A担当者の声は，海外M&Aのナレッジを，個人ではなく，組織に帰属させることの難しさを裏づけている。業務統合を推進できる人材の絶対数は急には増やせないため，限られた人数でいかに効率よく業務統合をするかだけではなく，こうした人材の育成を今後どのように仕組み化していくかが重要であるが，日本企業においては，過去からずっと同じ人材が蓄積された経験知のもと，買収後の業務統合プロセスに入ることが多い。

2 問題解決の方向性

業務統合で克服すべき課題には，業務ルールと意思決定プロセスの確立，そして，そのような標準化を行う動機づけとしての被買収企業に対する支援体制，さらに標準化を推進する段階で起きるコンフリクトの調整，推進するうえでの達成度合いの明確な把握，これらを推進する人材の育成が求められる。問題解決のポイントとして，次の点について解説する。

1　業務ルールと意思決定プロセスの確立
2　被買収企業への支援体制の明確化
3　業務間コンフリクトの調整
4　統合達成度合いの「見える化」
5　業務統合を推進する人材の育成

1　業務ルールと意思決定プロセスの確立

業務統合のためには，業務フローの現状分析と業務の「見える化」をすることが必要だ。業務ルールを明確にするには，被買収企業での各業務の責任者やキーマンを見出し，買収企業と被買収企業とで業務別に統合チームを組成することが求められる。すでに業務ルールが明確に確立している場合はそれらを棚卸し，可視化を行う。もしくは被買収企業が新興国企業で業務ルールが明確に確立していない場合であれば，製造業の生産業務でいえば，現状の業務フロー

や工場見取り図，棚卸資産管理などに関する業務ルールを策定することが必要だ。この段階で被買収企業の業務責任者に，モノと伝票を完全に一致させる原理原則を徹底させることが求められる。

業務処理については，職務記述書が明確になっている先進国とは異なり，新興国 M&A・PMI の場合であれば，業務規定書づくりと個人の持つ権限・責任を明確にすることから始めなければならない。これには仕事の進め方に対する大きな意識変革を伴う。

そのため業務ルールは買収企業から担当者が被買収企業に入り策定しながらも，その業務を実際に推進していくことになる現地の業務責任者を統合チームに参画させ，共同で推進することが必要である。また，オーナー系企業を買収した場合は，意思決定プロセスがなく，経営者自身が個人で決定する家族的経営が多いため，社員からすると見えないところで意思決定がなされているケースが多い。しかし，M&A により買収企業の連結決算の対象となると，重要な意思決定は見えるかたちで下されるような稟議プロセスや経営会議などの意思決定プロセスの導入が欠かせない。

情報システム開発や設備投資，新商品ロードマップ，マーケティングプラン等，意思決定を伴う重要な稟議基準や，意思決定に必要な会議体とプロセスを明確にするなど，企業としての意思決定プロセスを構築することが必要だ。

2　被買収企業への支援体制の明確化

PMI で重要なのが，買収企業からの被買収企業への支援内容をあらかじめ明確化しておくことである。

被買収企業にとって，M&A 以前は，「身内」で素早く決定できたことが，M&A 後は，仕組みは新しくなったものの意思決定に時間がかかるようでは，デメリットでしかない。意思決定プロセスをつくることで，買収企業からの支援が得られることが明確になっていなければならない。

例えば，今後，消費者の嗜好性が高まり，より高い品質が求められるなどの将来の変化を見越して設備投資をする際には，買収企業のネットワークが持つ

設備やTQM (Total Quality Management：総合的品質管理) 等の実際の運用ノウハウなど，被買収企業が受けられる支援を具体的に示す。市場環境が全く異なる日本のノウハウではなく，買収企業のグループが全体で持っているノウハウや強みをグローバルレベルで棚卸しし，被買収企業に提供し支援する。

支援には人の派遣もあるが，買収企業と被買収企業の生産，マーケティング，SCMの事業部門が交流をしたり，定期的な情報交換の場を設定したりすることも有効な手段である。

3　業務間コンフリクトの調整

戦略統合プロセスから業務統合プロセスに進むと，業務間の意見・利害の不一致が生じる。

これを解消しながら統合を進めていかなければ，会社がばらばらになってしまう。

例えば，納期を追及する営業と在庫削減を重視する生産部門とではコンフリクト（利害衝突）が生じる。利害調整のための部分最適を進めていくと，企業全体では業務間の整合性がとれず，結果として顧客へのサービス品質が低下したり，売上・利益に悪影響を及ぼしたりする。こうした各業務間のコンフリクトを調整し，戦略を着実に実現していくには，統合の全体状況を高い視点から見渡し調整する組織機能が必要となる。

4　統合達成度合いの「見える化」

業務統合を迅速に進めていくには，業務統合の目標を明示し，その目標と現状とのギャップを正しく認識して目標を数値化（KPI）し，それをどう達成するかというPDCA（計画・実行・評価・改善）サイクルを回す必要がある。

例えば製造工場の業務統合では，不良品率の低減は有効KPIとなる。こうしたKPIを主要業務ごとに設定し，関係者が定期的にモニタリングする。

このとき，目標のKPIがあまりに高すぎたり，逆に容易に達成できるほど低かったりではシナジー創出が最大化されないため，目標設定は努力精一杯の

範囲で，どうにか到達できるといったことが重要となる。被買収企業の実力を見極め，確実に改善しているというステップがわかるようなKPIを設定し管理する。

なお，被買収企業がグローバル企業の場合，KPIにおける進捗管理はグローバルで統一し，同一事業であれば，地域間で比較できるようにするのが望ましい。例えば，SCM業務であれば在庫回転率，リードタイム，オーダー充足率などを横並びで見ることになるだろう。

しかしながら，そのターゲットとすべき値は，地域の業務レベルの現状把握からKPIの目標値の策定を地域別にしていかなければならない。

5 業務統合を推進する人材の育成

M&A・PMIを進めていくには，買収企業に統合推進人材が必要となる。そのような人材を，「チェンジ・エージェント」と呼ぶ。そして，チェンジ・エージェントと共に，統合会社での業務統合を推進する被買収企業の人材，レセプターが必要となる。

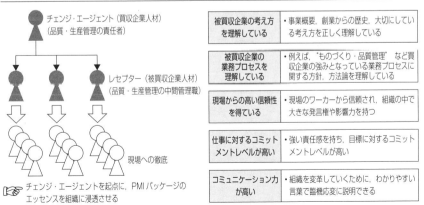

図表3-1 統合推進人材　チェンジ・エージェントとレセプターの概念図と求められる要件

(出所) 野村総合研究所

両社の業務統合の目的は，被買収企業単独では不可能な新しい成長領域の獲得や，買収企業とのシナジーを創出することである。それは業務標準・業務ルールの確立，買収企業の持つグローバル規模でのノウハウ，財務，技術基盤の活用による効率化と成長シナリオの構築により実現される。しかしながら，企業風土と事業環境が異なる2社の統合には多くの困難が伴う。

　業務統合を推進するには，マーケティング・営業，生産・品質管理，SCM，会計，人事など主要業務別に統合推進人材であるチェンジ・エージェントを任命し，被買収企業におけるレセプターの人材発掘は買収契約直後のデューデリジェンスの段階から進めるべきである。各主要業務にどのような人材がいるのかを業務責任者の面会時に聞きだし，現場を引っ張っていける変革者を見出す。そして，戦略統合プロセスの段階から各業務のその統合推進人材を巻き込み，業務統合をどのように推進していくかについての共通認識を醸成する。さらにその戦略を実現するうえで，どのような業務改革を実行し，どのような成果をあげていくのかを目標値（KPI）に落とし込む。

　こうした人材の育成は統合の場で推進していく。そこで前述2のような，各業務におけるグローバルレベルでの業務統合におけるノウハウ共有の仕組みを構築することが必要だ。

　例えば，生産であれば姉妹工場制度のように，日本の生産現場と現地の生産現場の管理者・担当者レベルを互いに往復・交流させ，TQMなどの品質改善活動を共に進めていくことで，人材育成の継続的な仕組みをつくりあげることも有効な手段である。

③　先行企業事例

1　パナソニックライフソリューションズ社 （買収時はパナソニック電工）

　パナソニックライフソリューションズ社は，インドでの販売チャネルの獲得を目的として，2007年，インド企業であるアンカーを買収した。アンカーは，

1963年設立の老舗企業で，買収当時はブランド認知度60％，参加の販売店，6,000社，従業員1万人以上（派遣社員含む），売上150億円の企業であった。配線器具，電線，ランプ，ブレーカーなどの製品をインド市場において市場にあった価格で製造販売しており，安定的な市場シェアを得ていた。この買収によりパナソニックライフソリューションズ社は，販売チャネルと低コスト生産力などの事業基盤を，一気に手にすることができた。

パナソニックライフソリューションズ社のPMIプロセスは，2007年から各業務のガバナンスの確立とSCM，ものづくりプロセス統合，2013年からマーケティング統合を進め，さらに，2019年にはブランドの統合を実現しようとしている。各業務プロセスのポイントについて述べていきたい。

(1) 各業務におけるガバナンスの確立とSCM，ものづくりプロセス統合

アンカーが抱える最大の課題は，家族経営から組織経営への転換を図ることにあった。そこで，パナソニックライフソリューションズ社はアンカーの経営陣，幹部クラスの人材を日本に受け入れることにより，日本の組織，体制，経営についての教育を施した。そして，これまで明文化されていなかった，アンカー社が持っている仕組みの明文化を行っていった。そして，パナソニックライフソリューションズ社の有する経営ノウハウを注入して，アンカー社のオーナーファミリー色を徐々に薄くした。近代的なミドルマネジメント中心の経営組織に変えていくことで，アンカー社をより収益力のある会社に変えることを狙ったのである。

さらに，各管理部門を組織化し，経理，財務部長については日本人が出向するものの，それ以外の法務，総務，物流の部門長には現地人を登用した。現地スタッフの起用においては，半数をアンカーのプロパー社員，残りを社外からの採用を行った。こうすることで，アンカーをよく知る人材とグローバル経営に精通した人材での混成チームを編成し，さらに日本から各業務別に対応組織を配置し日本のPMI推進人材を配置することで，各業務の統合を推進した。

それにあたり，パナソニックでは，"アンカー社を他人事にしない"という全社的方針を策定し，統合プロジェクトに参画するメンバー一人ひとりに責任感を持たせることに注力した。統合の過程で日本，インドの各業務の担当者が何度も協議を重ね，メンバー全員が高い当事者意識を持ち統合を推進した。

例えば営業の販売予測を生産計画にきめ細かく反映させることにより，無駄な在庫を減らし，欠品による機会損失を最小化する改革に取り組んだ。このような製販一体化の活動は，パナソニックライフソリューションズ社にとっては当たり前のことであっても，アンカー社内ではうまく行えていなかった。モノの価格が年々上昇するインドでは，在庫を「財庫」と考え，まずは製造して貯めることを善としていたからである。パナソニック電工は，財庫を「罪庫」と認識し直してもらうように啓蒙するところから始め，この製販一体化の仕組みを導入していった。

2007年に買収をして以降，集中的に生産技術の人材の投入を行い，長期出張ベースで激しく行き来し，最新設備を導入するなど，ものづくりプロセスの統合を集中的に行った。買収当時，生産設備も十分ではなかったが，最新の日本の設備を導入することにより金型の精度を飛躍的に高めることに成功し，飛躍的にものづくりプロセスの改善，品質の向上を実現することができた。

(2) マーケティング・販売業務の統合

2013年からはマーケティング・販売業務の統合を行った。従来のCFL電球，配線器具の事業から，LEDやソーラーなどの商品導入を行うために，マーケティングの統合を行った。インド人の営業ミドルマネジメントをディレクターに昇格させ，マーケティング統合におけるキーマンとした。さらに，商品マーケティングの部隊を組成し，営業のやり方を徹底的に変えていった。まず，全国にキャラバンして回り，顧客の声を聞いて回った。一緒に汗を流すことにより，販売における業務について，考え方を統一していった。

そして，2013年からそういった基盤のうえに，新しいマーケティング手法をのせていった。

例えば，LED商品などの新しい製品を導入し，マーケティングの仕方を大きく変えていった。プッシュ型のマーケティングから，ソリューションマーケティングにマーケティングの仕方を大きく変えた。つまり，卸に商品を流すのではなく，市場を創造しながら，顧客の悩みに応えていく方法に変えていった。また，2014年からソーラーマーケティング部隊をつくった。従来の卸への販売ではなく，ITパークに対するソーラーパネルの直接営業での導入を行った。こういった活動はCSR（Corporate Social Responsibility）の観点からもブランド構築に大きく寄与している。

このような商材を強化していく過程では，品質のあり方について徹底的に議論をした。最初の発射台をどこにおくかが大変な議論となった。つまりGOOD ENOUGHな品質をどこにおくか，現地に求められる品質をよく理解している現地人メンバーとよく議論をし，そこから品質をどのように現地人とともに高めていくかに重きをおいた。こうしたことが，市場投入しつつ市場の成長をリードしながら，品質を高めていく戦略を着実に進めることにつながった。

パナソニックライフソリューションズは，昨今，アンカー買収後のPMIにおいて，先述したソーラーマーケティングのようにCSRの観点をより，強くし，社会的課題の解決を意識している。

また，従業員満足度調査に重きをおき，ひとつの会社として一体化した経営をより強めている。

2　オムロン

オムロンは，ビジョンである社会的価値の実現を継続していくために，持続的成長を実現しようとしている。同社は重点事業領域であるIAB（インダストリーオートメーションビジネス）カンパニーにおいて，買収による事業強化を手がけている。

2015年8月，制御機器事業におけるファクトリーオートメーション技術の開発と販売能力強化の一環として，米国のモーション制御機器メーカーである「デルタタウシステムズ社」の株式を100％取得した。そして，2015年9月，ビ

ジョンセンサー技術やロボット制御技術に強みを持つ産業用ロボットメーカーである「アデプトテクノロジー社」を買収した。

さらに，2017年4月には，産業用カメラメーカーである「センテック株式会社」を買収，2017年8月には産業用コードリーダーのリーディングカンパニーである「マイクロスキャンシステムズ社」を買収した。こうした買収はオムロンのIABカンパニー（制御機器事業）の戦略であるiAutomationを実現するために行っている。

オムロンは，買収後，3年をかけてしっかりと成果を出す計画を策定し，推進している。

買収の推進組織は事業系テーマを推進するチーム，間接業務を推進するチームで構成されている。そして，事業，間接業務両面で買収推進の全体責任者として，事業部門トップが全体を束ね，強力にPMIを推進している。

そして，間接業務統合については，オムロンの地域統括会社が主体となって行っている。

オムロンにはオムロンマネジメントセンターが米国，中国，欧州，APACにあるが，被買収企業が存在する地域統括会社が主体となり推進している。例えば，デルタタウであれば米国に本社を置く会社であるため，オムロンの米国統括会社が業務統合を推進する。こうしたことができるのは，オムロンが各地域にある事業会社の業務を束ね，間接業務を集約するシェアードサービス化を推進しているからであり，各社の機能を束ね，標準化することを行えているからできることであろう。また，被買収企業の海外拠点，例えばデルタタウであれば，韓国，中国，スイス，イギリスなどに拠点があるが，こうした拠点はそれぞれのオムロンの海外地域統括会社が統合を推進する。つまり，事業軸ではグローバルにIABカンパニーが推進するが，間接業務においては，オムロンAPAC，中国，欧州などが業務統合を推進し，その状況をグローバルに本社所在の地域統括会社がモニタリングをし，着実にPMIが推進できるようにKPIを使ったモニタリングを行っている。このように買収した会社の業務は地域統括会社が業務統合におけるガバナンスを利かせている。こうしたことが可能な

のは，各地域統括会社内に業務プロセスオーナーが明確に存在しており，ガバナンスを利かせ，標準化を進めながらモニタリングをしているからである。

4 業務統合を確実に成功させるポイント

業務統合を確実に成功させるポイントには次の点がある。

1　業務統合におけるガバナンスと推進体制の構築
2　地域統括による業務標準化と業務統合の推進
3　現地優秀人材の巻き込みと育成

1　業務統合におけるガバナンスと推進体制の構築

　PMI を進めるうえで，戦略統合プロセスから業務統合プロセスへと着実に落とし込むためには，業務におけるガバナンス，そして業務統合の推進体制を確立しなければならない。

　例えば，事業戦略面にいて重要である業務である開発，生産，マーケティング・販売，サービス，SCM などについては，事業部門からのガバナンスを利かせなければならないだろう。なぜならば，これらの業務は事業そのものであり，買収企業のコアコンピタンス，つまり競合企業を圧倒的に上回る強みを有している場合も多いからである。

　これに対して，人事，経理，情報システムなどの業務はコーポレート系業務であり，本社としてのガバナンスが必要になる領域であろう。業務においてもそのガバナンスのかけ方は業務の種類によって異なる。そのため，事業に直結した業務とコーポレート系の業務とに分けて，ガバナンス体制と統合推進体制をつくらなければならない。

　例えば，開発，生産，マーケティング・販売，サービス，SCM などの業務については，事業部門トップが統合の責任者となる必要があるだろう。

　そして，コーポレート系業務である人事，経理，情報システムについては，

本社,つまりそれぞれの業務を担当している役員が業務統合においてプロセスオーナーとして参画する必要がある。

先述したオムロンは買収後の統合において,事業に強く関連する業務については,カンパニー,つまり事業部門を中心に推進するガバナンス体制とし,コーポレート業務については地域統括が中心に統合を推進,ガバナンスをかける形とした。なぜならば,海外での買収と統合においては,日本本社から業務担当役員がガバナンスを直接かけることは難しく,本社の出先としての地域統括が地域性も理解したうえで,各業務に対するガバナンスをかけていくことが現実的だからである。

そして,統合推進体制においては,戦略統合の議論を進めてきた経営陣・事業部門トップなどキーマンで構成されたステアリングコミッティを構築し,PMOが統合プロセス全体をモニタリングすることが必要である。

まず経営陣で構成するステアリングコミッティを策定し,PMOが全体の進捗を管理していく（**図表3-2**）。そして,事業中心にガバナンスをかける事業系の業務と,コーポレート系業務の双方について,最終的にはステアリングコ

図表3-2　業務統合推進体制

```
                    ステアリングコミッティ
        買収企業,被買収企業トップマネジメントと各統合チーム代表で形成
                    統合戦略についてのメッセージ発信
            統合進捗上障害となっている事柄に対する迅速な意思決定
                                                          PMO
                                                  （プロジェクトマネジメントオフィス）
                                                        戦略統合の実施
                                                  統合プロジェクト全体の進捗管理

  統合戦略,戦略目           統合戦略,戦略目標,
  標,KPIなどの提            KPIなどの提示,と
  示と展開状況の把          展開状況の把握
  握

  事業部門を中心とした業務におけるガバナンス      本社,地域統括を中心とした業務におけるガバナンス

         統合に対する現場の                    統合に対する現場の
         状況の報告                            状況の報告

  開発  生産  マーケ  サービス  SCM      人事  経理  情報
              ティング・                                  システム
              販売
```

（出所）野村総合研究所

ミッティで経営陣,事業部門トップがその状況を把握し,適宜,経営レベルとして必要な意思決定を行っていくことが必要だ。PMOは各業務のタスクフォースの進捗状況にあわせ,各タスクフォース単独では意思決定できないこと,タスクフォース間でのコンフリクトをいち早く見出し,ステアリングコミッティが意思決定すべきことがあれば,経営陣,事業部門トップが意思決定できるように関連する情報を集め,意思決定を促すことが求められる。

　例えば開発・生産は高い品質を実現したいが,販売・マーケティングはとにかく低価格の商品を出してほしい,もしくは販売は過剰在庫よりも短いリードタイムを優先するが,生産は仕掛品や製品在庫はなるべく少なくしようと考える,といった業務間コンフリクトが発生した場合には,ステアリングコミッティに上申して意思決定を促す。

　この意思決定がしやすいように,統合状況を常にモニタリングしながら各業務の意見の不一致を発見し,意思決定に必要な事項を取りまとめ,周辺情報をそろえてエスカレーション（上申）するのがPMOの役割である。PMOは経営企画部門とIT（情報技術）などで構成し,プロジェクト全体の進捗を見極めながら,常に業務統合の全体を見渡し,リスクを早め早めに察知し,ステアリングコミッティが意思決定可能な状態に情報を整理し,上申していくことが必要だ。

2　地域統括による業務標準化と業務統合の推進

　グローバルに拠点を持つ企業の買収の場合,業務統合における地域統括会社による業務統合の推進が欠かせない。特に人事,経理,情報システムなどコーポレート系間接業務においては,地域統括が地域事情も理解した形で,業務統合を進めることが必要である。

　地域統括は本社と連携をして,地域での業務の標準化を推進するとともに,PMIにおける業務標準化における司令塔となるべきである。つまり,事業に関連性の高い業務統合の推進は事業部門を中心に行われるが,コーポレート業務における業務統合の推進は,地域統括会社が中心となり,推進しなければな

らない。

　業務統合の成果を確実に確認するには，業務の統合状況の管理KPIを月次で策定し，業務別分科会がPDCAを着実に回していく。KPIの進捗状況を確認し，目標に達していない場合は原因を究明して対策を検討し，PDCAサイクルを回す。その際，取得可能な管理数値であり，在庫回転率や納入リードタイムなど成果が見えやすいKPIを策定することが大事だ。業務統合プロセスの初期段階で，KPIに入手困難な数値を設定したり，短期的に数値の改善が見込めないような目標を設定したりしては，業務統合において関係者を巻き込むことは難しい。そのため，短期的な成果を出しやすいようにあえて達成可能な目標を設定し，達成したことを成果として関係者で共有することによって，モチベーションを引き出すことも有効である。もちろん，買収効果によるシナジーを実現するため，その目標の策定も重要であるが，業務統合を推進するメンバーのモチベーションを高めることも考えながらKPIの設計を行うことが望ましい。

3　現地優秀人材の巻き込みと育成

　欧米企業と比較して，日本企業で最も整備が遅れているのが，人事・経理・情報システムをはじめとするコーポレート機能のグローバルでの業務の標準化である。

　M&Aの業務統合においては，適用可能な仕組みの業務テンプレートをつくり，各地域にあわせてカスタマイズしていく。とりわけ，日本企業の場合，被買収企業に移管すべき人事制度を持ちあわせておらず，既存の制度を踏襲しながら人事制度を個別に対応させてきたケースも多かった。しかし，こうした仕組みを早期の段階で策定しておかなければ，結果として業務統合プロセス全体が遅れてしまうことにもなりかねない。

　そのためには，PMIを推進できる人材を組織的に育成していく仕組みの整備も必要である（図表3-3）。業務統合推進人材としての要件を全社として合意し，これに合致した優秀な若手人材を選抜する。

4 業務統合を確実に成功させるポイント 67

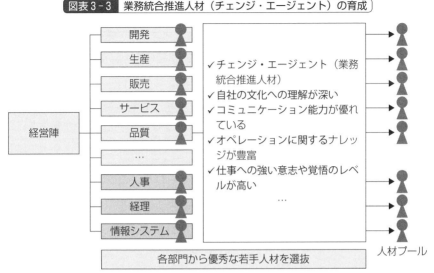

図表3-3 業務統合推進人材（チェンジ・エージェント）の育成

(出所) 野村総合研究所

　選抜された人材はPMIプロセスを担うことによって，部門横断の知識・経験を蓄積していく。こうした人材育成の仕組みを組織的に導入することが重要である。

　業務統合推進人材は，特定の人材に知識・経験が過度に蓄積されることが多いため，若手人材に意識的に経験させることがポイントである。PMIプロセスを担うことが将来の経営陣登用の登竜門として組織的に認知されれば，将来の幹部候補育成にも資することになる。

　同様に事業系業務つまり，開発，製造，販売・マーケティング，SCMにおいても，パナソニックが行ったようにチェンジ・エージェントの派遣と現地人材で業務統合を推進するレセプターの育成・確保が必要になる。

　そのためには，デューデリジェンスの段階で，各業務において，どの人材が業務を引っ張っているのかを把握をし，こうした人材の統合プロセスへの巻き込み，チェンジ・エージェントを通じた育成を推進することが必要だ。このようにして見出した現地のレセプター人材にはOJTによる育成のみならず，日

本への派遣など各種業務プロセス標準化のための推進上のリーダーとして育成していくとともにキャリアパスを見せること，そしてそのキャリアパスを形成していくことにより，現地人材への業務統合の推進役としての役割を中心的に担わせていける人材を育てることが必要となる。

　業務統合はまさしく，戦略統合を実現していくために必要なプロセスであり，被買収企業人材の統合プロセスへの十分な巻き込みが必要である。そのためには，戦略と業務のつながりを全体像として把握し，業務統合を進めていくことが求められる。

第4章

モニタリングプロセス

1 現状の日本企業のPMIにおけるモニタリングプロセスの問題点

　買収と統合において重要なのは，買収企業，被買収企業が統合後，どのような戦略の実現を目指すかに合意をし，その実行状況を適正にモニタリングをすることであるが，それには困難を伴う。例えば，戦略を実現するためには，モニタリングすべきKPIを妥当性のあるものに落とし込むことが必要になるが，最終的な売上，利益などのKGI（Key Goal Indicator：KGIとは，ビジネスの最終目標を定量的に評価できる指標。売上，利益などが代表的指標としてあげられる）に対して，何をすればそこに到達できるのかについて，買収企業，被買収企業との間で議論し，適正な進め方を落とし込めていないことが多い。

　また，それをモニタリングする体制においても，事業・業務双方の観点からの検討が必要であるが，業務を実際に行っている各部門のキーマンなどが十分に巻き込めていないなどの問題を抱える企業は少なくない。そして，何よりも，把握されたKPIから改善のアクションを落とし込めないために，労力をかけて数字を集めるにとどまり，改善活動につながらないケースが多い。

　こうした状況を鑑み，日本企業のPMIにおけるモニタリングプロセスの問題点を，次の4つに分けて述べていきたい。

1　適正なKPIに落とし込めていない
2　モニタリング体制・プロセスが十分でない
3　取得されたKPIに対して改善アクションが回せない
4　環境変化に対するモニタリングが弱い

1　適正なKPIに落とし込めていない

　統合後，目指すべき財務目標値を設定しても，それを実現するために，何をしていったらいいのかを具体化し，その取組内容を適正なKPIに落とし込む

ことは難しい。ましてや，買収をした会社と合意に至ることは，さらに難しいことは言うまでもない。

　戦略を実現するために，何が大事なプロセス指標になるのかを明確にする段階に至っていないケースが多い。KGI はあるが，モニタリングすべき KPI が適正ではないため，適正ではないプロセス指標を追い求めていることもあり，データを取得することが大きな手間となり，被買収企業にとっては，意味のないことを管理されていることに不満を抱きかねない。重要な KPI を絞り込めずに，数多くの指標をモニタリングし，モニタリングに疲弊してしまうこともある。この場合は，モニタリング自体が目的になってしまい，その結果，何をすべきなのかまでの思考に至らなくなってしまう。このようなケースは決してレアケースではなく，被買収企業には管理されることへの疲労感のみが蔓延することもある。

2　モニタリング体制・プロセスが十分でない

　戦略に対する合意は買収企業，被買収企業間で行っているが，モニタリングに際して，どのようなプロセス指標を設定するのかの合意をトップマネジメント間で行うだけでは意味がない。なぜならば，業務そのものは，生産，販売，サービス各現場で行われているからであり，そうした業務が実際に行われている現場にまで浸透しなければ実効性は乏しくなる。このような業務が行われている各部門のキーマンが戦略目標，それを達成するための KPI などの落とし込みまで，作成プロセスにしっかりと入っていることが必要である。そのため，モニタリングする体制は，事業面，機能面，双方からの検討が必要であるが，実際には，先述したように，各部門のキーパーソンなどを十分に巻き込められていないなどの問題が指摘されている。

　特に海外企業の買収，統合においては，担当事業部門が事業責任を有するものの，間接業務，ガバナンスの観点においては，コーポレート部門のモニタリングが必要になる。しかしながら，本社機能の出先としての地域統括会社のみが実施する場合には，それらの機能を十分にモニタリングできていないことも多

い。何を事業部門がモニタリングをし，何を本社の出先としての地域統括会社がモニタリングをしていくべきかを明確なルールとして落とし込んでいないために，モニタリングプロセス自体が曖昧になっている場合も多数見受けられる。

また，買収企業，被買収企業が達成していくべき戦略と，それを実現するために各部門がどのような業務を推進していくべきかを明確に整理し，具体的なKPIにまで落とし込めていても，それらを末端の従業員まで浸透させることは大変難しい。そのため，地に足がついたモニタリングができないことも多い。

業務を行う社員に納得感がないのは，KPIの浸透が進んでいないことが原因である。

3　取得されたKPIに対して改善アクションが回せない

取得されたKPIから改善アクションが回らないことも多い。PMIにおいては，単一企業でのKPIのモニタリングよりも，被買収企業，買収企業が両社で進めていくため，複雑さが増すうえに，モニタリングの結果から，部門間を横断するような改善活動を検討する際にも，改善活動に対するコンセンサスをとることがさらに難しくなる。その結果，KPIに対して，最適なフィードバックがされず，表面的なKPIになっていることも多い。

わりやすい例としてはSCMやROIC（Return on Invested Capital：投下資本利益率）に関するKPIがあげられる。SCMにおいては，営業はリードタイムを短く，注文に対する充足率をあげたいと考えている。しかしながら，生産は在庫を減らしたいと考えている。全社大のKPIを設定する際には，部門間のコンフリクトを調整し，全体最適の実現に向けた決断が必要になるが，この部門間の調整ができず，結果，個別最適化されたKPIになるケースが多い。また，ROICについても，ROICを上げていくためには，投下資本回転率をあげるともに，営業利益率をあげるために，販管費，原価の引き下げ，運転資本回転率や固定資産回転率の改善など部門をまたがった活動につなげていく必要がある。しかしながら，部門をまたぐ活動を調整することは至難の業であるため，適切なKPIが決まらないことも少なくない。

海外企業を買収する場合は，部門間の壁が高く，部門を越えてひとつの目標を定めることはさらに難しくなる。海外企業では，ジョブディスクリプション（職務記述書）が明確であるがゆえに，自分の責任範囲以上のことは行わないことが常であるためだ。三遊間のゴロをサードもショートも拾いに行かないことが常であり，この部門の間にこぼれる問題点を拾うことは想像以上に難しいのである。

4　環境変化に対するモニタリングが弱い

デジタル化に伴い，製造業を取り巻く市場環境は大きく変化している。その影響は，家電，精密機器，重電などさまざまな業界に広がっている。例えば，自動車業界で起きているような所有から利用の進展など破壊的変化が巻き起こっている。このように破壊的な市場環境の変化が起きる昨今とあっては，買収前に想定した市場環境に基づく成長戦略を推進していくことは，その前提から大きく崩れるということになりかねない。したがって，モニタリングはPMIに伴う，KGI，そしてそれを実現するためのKPIのモニタリングにとどまらず，市場環境の変化に対するモニタリングを行うことが必要であるが，現在の日本企業においては，経営の意思決定へと導くための明確なモニタリングの仕組みに落とし込めていないことが多い。そのため，PMIを推進している担当者は，市場環境の変化を体感しているが，企業として，その変化に基づく意思決定につながっていないことも多い。

2 問題解決の方向性

上記の問題点を踏まえ，PMIにおけるモニタリングを着実に推進していくためには，次の3点が必要となる。

1　業務担当キーパーソンを巻き込み，戦略マップに落とし込む
2　各業務におけるKPIを策定，管理する

3　戦略と業務KPIのつながりを末端の従業員まで教育で落とし込む

1　業務担当キーパーソンを巻き込み，戦略マップに落とし込む

　モニタリングプロセスを成功させるためには，各事業，業務の担当キーパーソンを巻き込み，戦略マップを策定することが大事だ。戦略を実現するために，各事業，業務がどのような方向性で事業を推進するのか，各業務がどのような貢献を戦略の実現のためにしていくのかを戦略マップとして可視化するのである。こうした戦略マップは，PMIを推進していくために重要な道標となる。なぜならば，統合における戦略を着実に実現していくためには，各事業，業務が同じ方向性のもと，それぞれの担うべき役割を明確に捉え，着実に進めることが大事であるからだ。

　戦略マップ策定の際には，戦略を実現するために各事業部門，業務部門がどのような目標値を定め，戦略の実現にどのように寄与していくのかを明確にし，全体戦略の関係性を整理する必要があるが，そのためにも，業務担当キーパーソンを巻き込むことが不可欠なのである。

2　各業務におけるKPIを策定，管理する

　前述のとおり，業務品質は，生産性・効率性などの点からKPIに落とし込むことが求められる。このKPIを月次などで管理しながら，統合の達成度合いを確認することになるが，その進捗状況については，PMO（プロジェクトマネジメントオフィス）と各業務別分科会が管理する。

　KPIが未達成の場合には，各業務別分科会が，その原因を究明し，どのように改善して統合を進めていけばよいのかを検討する。業務別分科会では目標値の達成が難しい場合には，PMOが「意思決定事項」をステアリングコミッティにエスカレーション（上申）して意思決定を求める。意思決定事項とは，業務改善に必要なシステム投資や人員の補強への投資・サポート領域を明確にすることであるが，これによりステアリングコミッティは迅速に意思決定が下せる

ようになる。

　すなわち，PMO，各業務別分科会，ステアリングコミッティが連携し，KPI の進捗状況を常に可視化する，KPI 達成に必要な項目を挙げてエスカレーションする，ステアリングコミッティが迅速に意思決定する —— という PDCA を回しているのである。

　もし市場環境が，戦略の前提と異なる変化を見せた場合には，戦略の妥当性を買収企業・被買収企業の経営陣で再確認するとともに，各業務の統合推進人材に KPI の再設定を促すことで，改めて市場環境の変化に対する意思決定の「見える化」と，統合の達成度合いの「見える化」を進めることが必要となる。

3　戦略と業務 KPI のつながりを末端の従業員まで教育で落とし込む

　さらに，戦略マップから各業務の KPI とそのつながりを従業員まで浸透させることが大事だ。とりわけ，買収において統合した会社において，各業務が事業戦略を実現するために，何をすべきなのかを検討する際にも，戦略マップを用いながら，末端の従業員まで浸透させていくことが必要だ。

　被買収企業に戦略を浸透させるには，各業務が戦略を実現するために同じ方向性で動いていく必要がある。この局面においては，間接業務など，被買収企業のみならず，買収企業の地域統括会社が支援できることも多い。例えば，間接機能であればシェアードサービス会社が実施することもあるだろう。SCM における在庫機能，例えば倉庫，物流機能であれば，地域統括会社で支援できることもある。そのため，コーポレートの出先としての地域統括会社が業務統合においてどのような役割を果たすのかを明確にし，戦略と業務 KPI のつながりを末端の従業員まで理解させることが必要だ。

　具体的には，人事，経理，SCM など統括会社の各業務トップのリーダーシップのもと，被買収企業の各業務機能責任者，業務担当者の間での人材交流を行うことで，業務プロセスにおける相互理解を進めつつ，標準化領域，目指すべき業務レベルと KPI までを議論を深め，KPI を高めるための地域統括会社内

での経験，ベストプラクティスを共有し，それに基づいた教育を行うことが望ましい。

　被買収企業との業務連携において，日本企業は自らの業務をグローバル標準として定める傾向にあり，欧米企業のように100日プランのように，トップダウンで短期間に落とし込むことは得意ではない。しかしながら，ハンズオフな形で，元来の被買収企業の業務をそのままにしておくことは，ガバナンス上，中身が見えなくなるばかりか，不効率な部分が多く残ってしまう。そのため，被買収企業と戦略の議論をしっかりと行ったうえで，上記のように，目指す方向の共有を行い，それを前提としたうえでの地域統括にリーダーシップを持った形での各業務人材の交流と育成を行っていくことが大事だ。その際には，KPIを実現していくためにそれぞれの業務のキーパーソンが何をすべきかを自らが考え，実行に落とし込んでいかなければならない。

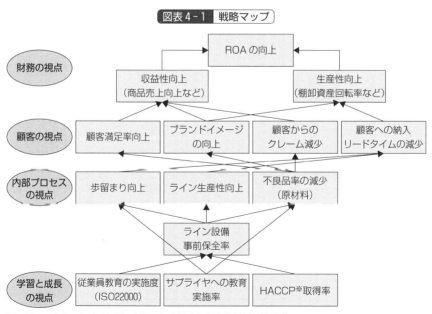

図表4-1　戦略マップ

※　Hazard Analysis Critical Control Point 危害分析重要管理点

3 先行事例からみたモニタリングプロセスの進め方

先行事例として，オムロンの取組みを取り上げたい。オムロンは，買収後のモニタリングプロセスを徹底した可視化のプロセスを取り入れ，末端の従業員までの浸透を進めていることが特徴である。

1 オムロンの買収の経緯

オムロンは，ビジョンである社会的価値の実現を継続していくために，持続的成長を実現しようとしているが，重点事業領域のひとつであるIAB（インダストリーオートメーションビジネス）カンパニーにおいて，買収による事業強化を手がけている。

2015年8月，制御機器事業におけるファクトリーオートメーション技術の開発と販売能力強化の一環として，米国のモーション制御機器メーカーであるデルタタウシステムズ社の株式を100％取得し，同年9月，ビジョンセンサー技術やロボット制御技術に強みを持つ産業用ロボットメーカーである「アデプトテクノロジー社」を買収した。

さらに，2017年4月には，産業用カメラメーカーであるセンテック株式会社を買収し，2017年8月には産業用コードリーダーのリーディングカンパニーである「マイクロスキャンシステムズ社」を買収した。こうした買収はオムロンのIAB（Industrial Automation Business）カンパニーの戦略である「iAutomation」を実現するために行っており，同社の強みであるPLC（Programmable Logic Controller）などの制御技術を生かし，さらにそれを強化するため，3つのIを実現しようとしている。つまり，integrated（制御進化），intelligent（知能化），interactive（人と機械の新たなる協調）からなるiAutomationによる製造現場での革新を実現しようとしているのである。こうした戦略を実現するために，上記の4社の買収を行ってきたが，オムロンは，それぞれの買収のPMIにおいて，(1)理念とガバナンスの説明，(2)戦略統合，(3)統合計画とモニ

タリング組織・プロセスの策定を行うことで，着実なモニタリングを推進している。

(1) 理念とガバナンスの説明

統合後すぐに，理念とガバナンスについての説明を行い，戦略統合についての議論を行ったうえ，3年の期間をかけて詳細な統合計画を策定している。

統合後すぐに説明を行っていることが特徴であり，理念に関しては，オムロンがどのような理念の下で事業を行っているかという考え方を説明し，ガバナンスについては，投資についての判断基準などを明確に提示している。

(2) 戦略統合

被買収企業において理念とガバナンスに関する理解が醸成されたうえで，オムロンは戦略統合を行っている。具体的には，自社がどのような事業を目指しているのかを詳細に説明するとともに，被買収企業に対してどのようなことを期待しているのか，一緒にどのような戦略を実現したいのかをオムロンと被買収企業でワークショップを開催し，議論し，決定している。戦略統合においては，共に策定していくスタンスに非常に力を入れており，オムロンが持つ制御技術，買収したデルタタウ，アデプト，センテック，マイクロスキャンシステムズの技術を活用することにより，オムロンが唱えているiAutomationをどのように実現していくかということについて，お互いに議論を進めながら共同で戦略の策定を行っている（第3章③2参照）。具体的には，デルタタウが持つモーションコントローラ，アデプトが持つロボット技術，センテックが保有する産業用カメラ技術，マイクロスキャンシステムズが持つ産業用コードリーダーが，iAutomationの実現に貢献し，ものづくり現場の革新につながることを協議し，お互いが納得した戦略を描いている。

(3) 統合計画とモニタリング組織・プロセスの策定

そのうえで被買収企業とともに，3年をかけた詳細な統合計画を策定してい

る。3年をかけた詳細な統合計画において，力点をおいているのがモニタリング組織とモニタリングプロセスである。この段階においては，統合戦略に基づき，成果を出すためのモニタリング計画を策定し，事業系，間接業務系のメンバーで構成された組織がモニタリングを推進することで，着実なPMIを進めている。

(4) 買収におけるモニタリングプロセスにおける組織の作り方

オムロンが実施した買収における推進組織は，事業系テーマを推進するチーム，間接業務を推進するチームで構成されている。そして，事業，間接業務両面で買収推進の全体責任者として，事業部門トップが強力にPMIを推進している。

そのうち，間接業務統合については，オムロンの地域統括会社が主体となって行っている。同社には，地域統括会社としてのオムロンマネジメントセンターが米国，中国，欧州，APACにあるが，当該地域の間接業務統合に際しては，これらが主体となり推進している。例えば，デルタタウであれば米国に本社を置く会社であるため，オムロンの米国統括会社が業務統合を推進する。

また，被買収企業の海外拠点，例えばデルタタウであれば，韓国，中国，スイス，イギリスなどに拠点があるが，こうした拠点に対しては，それぞれの地域にあるオムロンの地域統括会社が統合を推進する。つまり，事業軸ではグローバルにIABカンパニーが推進するが，海外拠点における間接業務統合においては，米国，中国，欧州，APACなどにある地域統括会社が連携しながら業務統合を推進し，その状況をグローバルに本社所在の地域統括会社が，着実にPMIが推進できるようにKPIを使ったモニタリングを行っているのである。こうしたことが可能なのは，まず，オムロン自体が各地域にある事業会社の業務・機能を束ね，シェアードサービス化を推進し，標準化を進めているからであり，さらに，各地域統括会社内に，ガバナンスを利かせ，標準化を進めながらモニタリングを実施する「業務プロセスオーナー」が明確に存在しているからである。

こうしたモニタリングを推進する業務プロセスオーナーの維持に際して，もっとも貢献しているのは，理念・目標の共有，戦略の共感が徹底されていることだと言われている。つまり，PMI をモニタリングするプロセスにおいて，そもそもオムロンは何のために事業をしているのかについての共通意識が醸成されていることが重要な要素となっている。それを実現するために，業務プロセスオーナーらが，KPI 管理を行いながら，間接業務統合のモニタリングを着実に推進している。

(5) OMRON による ROIC 逆ツリーモニタリング

事業面での PMI において，オムロンが力を入れて管理しているのが ROIC（投下資本利益率）の管理と逆ツリーによるモニタリングである。

オムロンのビジョンである「社会的価値の実現」を継続していくためには，持続的に成長をしていくことが求められるが，各事業の規模と収益性を高めていくために，同社では，ROIC による経営指標の展開を推進している。

ROIC を採用した理由は，事業による収益性にかかわらず，公平に評価が可能であることによること，さらに，分解し逆ツリーにすることにより，従業員がどのような行動をとるべきかについて，わかりやすい指標に落とし込みやすいことがあげられる。この逆ツリーは，ROIC を ROS（Return on Sales：売上高営業利益率（以下「営業利益率」））と投下資本回転率に分解し，それぞれの改善ドライバー，さらにその改善ドライバーを向上するための KPI を明確にすることで，営業や生産現場などの部門の担当者がどのような取組みを行うべきかを明確に示すことができる（図表4-2）。

ROIC ではなく営業利益率だけでモニタリングを展開すると，事業によって収益力に差があるため，収益力の低い事業を早々にクローズして収益力の高い事業に移すことになりかねない。また，当該事業の従事者の士気にも影響するため，新規事業を探索・実現し，長期的に成長していくことが難しくなる。しかし，RIOC なら，営業利益率が低い事業でもそのパフォーマンスを上げることも可能だ。ROIC は，異なる事業体の中にあって，共通的に評価しやすいと

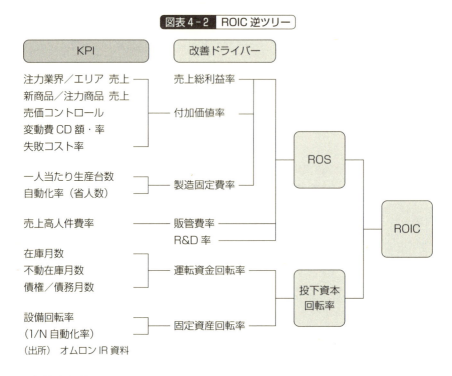

図表4-2 ROIC逆ツリー

（出所）オムロンIR資料

いう特徴を持っている。

　また，ROICは分解しやすいという特徴がある。「ROS（営業利益率）」と「投下資本回転率」に分解できる。さらに，営業利益率は，「売上総利益率（付加価値率，製造固定費率）」「販管費率」「営業利益率」「営業外損益」「当期利益率」に分解でき，投下資本回転率は，「運転資金回転率」「固定資産回転率」に分解できる。それぞれの指標から，部材標準化や海外生産比率から実効税率まで具体的なKPIが設定され，それぞれの現場で目指す姿と活動を一致させることができる。

　こうした特徴を活かすことによって，オムロンは，現場でこだわる目標指数を導き出し，経営理念であるチャレンジ精神やソーシャルニーズの創造に挑戦できると考えている。実際に，オムロンの各事業部門の現場では，目指す姿，KPIをさらにブレイクダウンして，チームとしてこだわりのある指数を設定し

ている。また,部門独自でそれらを評価し,達成できなければ新たなプランで再度試みるといった取組みが行われている。こうしたPDCAを回しながら,一歩一歩愚直に目標達成を狙っていく —— そのサイクルを回し続けることが「逆ROIC経営」といえる。

オムロンはROIC経営の浸透をより加速させるため,ROICの定性的な翻訳式を活用した「ROIC経営2.0」を2015年から開始している。翻訳式が意味するのは,「必要な経営資源(N)」を投入し,それ以上に「わたしたちのお客様への価値(V)」を上げ,その一方で「滞留している経営資源(L)」を減らすというものである。このような簡単な翻訳式により,普段は財務諸表と縁のない営業や開発部門などの担当者でも,ROIC向上の取組みを具体的にイメージすることができる(**図表4-3**)。

また,オムロンには各事業部門の経理・財務の担当者が中心となり,ROIC経営2.0の浸透を推進するアンバサダーとなっている。アンバサダーが各事業部門におけるROIC経営2.0の取組事例を,全社にわかりやすく紹介することで,現場レベルの取組みがグローバルに広がり,深く根づくことにつながっている。

オムロンのこうした取組みは,経理人材の事業に対する理解を深め,事業と

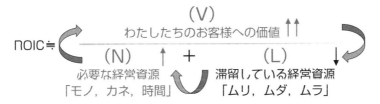

図表4-3　ROIC経営2.0　ROIC翻訳式

① 価値創造のために**必要な経営資源(N)**(モノ,カネ,時間)を果敢に投入する。

② それ以上に,**お客様への価値(V)**を大きくする(↑は二つ!)。

③ **滞留している経営資源(L)**(ムリ,ムダ,ムラ)を減らして(N)にシフト/投入する。

(出所) オムロンIR資料

伴走しながら，ROICを高められる人材を育成している。さらに，ROICのアンバサダーが伴走することにより，事業部門のROICに対する理解度をあげることとなり，戦略実行力を高めることにもつながっている。

　評価指標としてROICを採用する会社は多い。しかしながらオムロンの特徴的なところは，ROICの目標値を実現するために，何を行うべきかを明確にするため，ROIC逆ツリーを策定し，それぞれの従業員の立場で何をすべきかをアンバサダーが伴走しながら教育していることだ。例えば，生産であれば製造コストの低減をすることにより，ROICを高めることができる。営業マンであれば販売価格を上げることにより，ROICを高めることが可能だ。つまりROICを逆ツリーで理解することで，それぞれの立場で何をすべきかを理解することができ，それぞれが納得した状態で戦略の実行を推進することができる。その結果，人材の育成にもつながっていくのである。

4　クロスボーダーPMIの課題解決に資する実効的なモニタリングの進め方

　統合後のモニタリングを着実に進めていくためには，次の3点が必要だ。

1　モニタリング体制の構築
2　本社から地域への権限委譲と業務標準化の推進
3　環境の変化をモニタリングする

1　モニタリング体制の構築

　事業に対するモニタリングは事業部門が行うことが求められる。しかしながら，コーポレート部門である人事，法務，経理などの間接業務機能については，コーポレートとして，地域統括がPMIの推進を行うことが多い。事例で述べたオムロンでも，事業部門，地域統括会社が連携して，モニタリングを行うことで，事業，間接業務のモニタリングを推進している。このように，KPIのモ

ニタリングを効果的効率的に行っていくための推進体制を構築するためには，事業とコーポレート部門との連携も不可欠である。

　事業については，事業部門がKPIを定めて，グローバルにモニタリングを行うことになる。その際には，戦略的製品の売上，利益を実現していくために，ROICなどの指標を用い，それを逆ツリーのような形で分解し，さらに，関連部門が事業の収益性を高めるためのKPIを設定することが望ましい。

　間接業務については，経理，人事，法務，情報システムといった業務を各地域で統合することが必要になるが，各地域でのシェアードサービスを展開している場合は，間接部門を統合していくことなども検討していかなければならない。

　さらに，SCMのように事業に直結している業務は事業部門と地域統括が連携して，推進することが必要だ。工場，倉庫などの物流機能が地域統括内に入っていることも多いため，事業部門と地域統括会社が連携して，事業として目指す売上，利益などのKGIとそれを実現するための"あるべきSCM"を策定するとともに，在庫回転率，注文充足率などのKPIをモニタリングすることになる。

　海外でのM&Aでは，日本本社がPMIを推進することは，地理的距離の関係から難しいため，地域統括機能が重要になる。地域統括機能は，コーポレート機能を現地で推進するため，統合した会社の各機能を推進するキーパーソンとの人材交流，育成を通じ，地域でのプロセスオーナーとして，地域横断で見ていくKPIを定め，モニタリングするプロセスまで落とし込まなければならない。そのためには，先述したように，事業部門と地域統括会社がリーダーシップをとりながらモニタリング体制を構築し，ベストプラクティスの共有を通じて，戦略を実現するためのKPIを高めていかなければならない。

　さらに，被買収企業がグローバルな規模で事業を行っている場合，そのモニタリグ業務は複数の地域統括にまたがることになる。この場合は，事業部門と被買収企業の本社所在地域を管轄する地域統括会社が主体となり，まずは，地域統括会社からは各間接業務部門のトップと中間管理職などの実務キーマンが

参画し，戦略マップの策定を推進する。戦略マップができあがると，その指標をもとに，他の海外統括会社とともにモニタリングをしていく。もちろん，地域の業務レベルによって，KPIは同じでも目標値を変えていくことが必要だ。

この過程で，被買収企業の各部門責任者，実務担当キーパーソンがPMIの体制に入ってくることが求められるので，各地域，各業務でどのような重要な人材がいるのかを事前に把握していくことが必要だ。PMIの過程で，モニタリングの活動の共有を行うことで，どこにどのような優秀な人材がいるのかを常に把握しておくことが求められる。

このように，各地域のベストプラクティスを共有しながら，お互いに高めあう過程は，モニタリングの体制を強固にしていくうえでも重要なプロセスになる。

2　本社から地域への権限委譲と業務標準化の推進

今後，日本企業が買収を行うのは，日本よりも海外市場のほうが圧倒的に多くなるだろう。こうした海外企業の買収において，地域的な事業の広がりに対応できる間接業務のあり方を常に考え，整えておくことが求められる。

買収において，本社そのものが関与できることは限られている。もちろん，多くの出張者を出し，本社が力強くサポートした事例は数多いし，それらのなかには，現地での事業を成功させているケースも多くある。しかしながら，今後，地理的な広がりを見せるM&Aにおいて，本社からだけの支援では，難しくなっている。特に新興国のM&Aの場合は，業務の透明性も乏しいこともあり，買収後，ガバナンスにおける不祥事が発覚したケースも多い。つまり，本社中心の業務に対するガバナンスでは限界に来ているといえる。そうであれば，地域統括会社に対して，明確な権限委譲を行い，そこがしっかりとイニシアティブをとって，PMIができる体制を常日頃，構築しておくべきではないだろうか。

地域統括会社が地域でのPMIを推進していくためには，本社から地域への権限委譲が必要になるだろう。地域統括会社は，本社の出先として，各業務の

地域でのプロセスオーナーとなるべきである。そのためには，本社において各業務のグローバルなプロセスオーナーを設置するとともに，各地域統括会社には，地域のプロセスオーナーを設置することで，地域での展開を地域統括に権限委譲していくことが必要だ。

日立製作所は，スマートトランスフォーメーションで，本社の各機能トップがグローバルなプロセスオーナーとして，グローバルに財務，人財（人事），調達など各機能の大幅な構造改革を行った。

そして，地域統括会社側にも同様のプロセスオーナーを明確に決め，権限委譲を進めたと同時に地域での間接業務の標準化，シェアードサービス化を進めた。これは日立製作所にとって，買収と統合を行う際も大きな基盤となっているし，同社の業務に関するガバナンス向上のための，大きな基盤となっている。

また，こうした現地への権限委譲は，ガバナンス上も大変重要な意味を持つ。地域統括における各業務のトップが，責任を持ち，被買収企業の業務に対する統合を進めていくことは，各地における業務監査を行ううえでも不可欠だ。日本企業の多くはグローバル化の過程で，地域に拠点を出すも，各地での法人立

(出所) 日立製作所資料

ち上げの際，業務標準化を行ってこなかった。しかしながら，この状態で海外企業の買収を行うと，事業部門がグローバルにモニタリングをすることはできても，間接業務のモニタリングを行うことは難しい。なぜならば，標準化がなされていない状態では，被買収企業に対して，業務を代行する，寄せるといったことが行いにくいためだ。その結果，被買収企業の業務がブラックボックスになっているケースも少なくない。

業務をシェアードサービス化することで，間接人員の効率化などのメリットが期待できるが，それを推進していくためには，買収企業側が，地域での業務の標準化を推進しておくことが必要である。今後，日本企業が買収において，事業を大きくしていくためにも，地域での業務標準化の推進は不可欠である。

3　環境の変化をモニタリングする

買収後のモニタリングにおいて，自社の活動状況のモニタリングを行うのみならず，事業環境の変化をモニタリングすることも必要だ。例えば，重電メーカーは，グローバルレベルで進む昨今の再生可能エネルギーの急激な成長により，事業ポートフォリオを大きく見直さなければならなくなっている。食品メーカーはアジアで現地食品メーカーを買収しているが，その際の大きな成長戦略は，モダントレード化する現地での流通市場の変化を捉え，市場でのポジショニングを高めることであった。しかしながら，現在の段階では，インドネシアなどASEAN諸国では，いまだトラディショナルトレード，つまりパパママショップのような小型の流通店舗を中心に販売が行われている。とはいえ，新興国では，政策面での変化は激しく，規制次第で流通環境は瞬時に変化していく可能性がある。

こうした変化をどのように捉えていくかが大事だ。自社に影響を与える重要な環境に関する指標は何であるかを考え，その変化を議論し，考えられる変化を予測し，それに対して，いかに対応するかということの議論を尽くしていくことが求められる。

理想的には，モニタリングを決定した市場環境に関する指標を経営コック

ピットのような形で，情報システムの仕組みで把握し，経営陣で共有することが望ましいが，デジタル情報として取得可能な市場環境情報の範囲と有意性，そこまでのIT投資を行うことが難しいということがほとんどだろう。その一方で，マニュアルで随時行えば，現地のキーパーソンが，市場環境に関する指標を取得することで忙殺されるという本末転倒な事態にもなりかねない。それであれば，事業環境に大きな影響を与え，かつ，取得可能な指標に絞り，それらを定期的に集め，その背後にどのような変化が起きているかを議論し，起こりうる変化に対してどう備えるか，議論をすることが重要だ。

具体的に，複写機のケースで，環境変化のモニタリングの進め方を見ていく。近年，複写機の市場で起きていることは，インクジェットでの純正品市場の拡大と，スマートフォンの急速な普及である。スマートフォンの普及は，電子化を意味し，これは，確実にドキュメントボリュームを落としていくし，インクジェットの純正品市場の拡大は，ボリュームの多い顧客が，EPSONなどの発売している消耗品の大容量化（ビックタンク）をきっかけに，純正品の品質の良さを再認識し，ある程度の許容できる価格差であれば純正品を選び始めたという変化の現れである。こうしたマーケットの変化を，定量的に捉えるだけなく，定性的なものも含めて収集・分析する必要があり，具体的には，被買収企業，買収企業が，今後起きうる変化，さらなる変化に対してどう対応するのかを議論し，変化が生じた場合の行動を迅速にとれるようにしておくことが求められる。こうした環境変化を捉え，日本企業は買収後の統合を成功に導いていかなければならない。

自社だけで成長シナリオを見出すことは難しくなっているが，上記のように，事業環境が複雑さを深めていくなかで，買収とPMIはますます困難を極めていくことになろう。のれん代の減損という大きなリスクを抱えながら，買収した企業とのシナジーを着実に実現していくためには，PMIでのモニタリング機能を一層高め，環境変化への対応力を増すことが不可欠である。

第5章

販売・マーケティング機能統合

1 販売・マーケティング統合の問題点

　統合プロセスにおいて，販売・マーケティングの統合は非常に重要だが，その実施には多くのリスクが伴う。ブランド統合，販売拠点統合などはその実施には多くのリスクが伴うため，着手に至らないことも多い。その結果，ブランドのカニバリゼーション（自社製品の競合，共喰い），販売拠点が重複するなどの無駄が生じることもある。その結果，統合がスムーズに進まないという事態に陥ってしまうことがある。

　このように日本企業の販売・マーケティング統合がうまくいかない理由として，次の点があげられる。

1　統合後のブランドポートフォリオを明確に描ききれない
2　拠点統合におけるリソース融合の難しさ

1　統合後のブランドポートフォリオを明確に描ききれない

　買収に伴い，ブランドをどのように統合していくかは，さまざまな困難な決断を伴う。例えば，ブランド統合はリスクも伴うため，決断が先送りになりがちだ。しかしながら，ブランドに対する明確なる方針がないまま，先送りにすると，ブランド投資が多重投資になり，同じ会社の傘下で，複数のブランドが重複したターゲット市場に存在するなど，カニバリゼーションを起こすことになりかねない。

　買収後のコーポレートブランドの統合，さらに，製品やサービスのブランドをどのように統合していくか，ターゲットとなる地域と顧客層で明確なブランドポートフォリオを策定しなければならない。

　そのため，どのような顧客にどのよう価値を提供していくのかを明確に定め，製品もしくはサービスのブランドポートフォリオを考えなければならない。しかしながら，同じ地域，重なり合うターゲット顧客層に対して，ブランドポー

トフォリオが明確に定められていないため，複数の製品ブランドがカニバリゼーションを起こしている事例も見受けられる。これでは，優良企業同士の買収，統合であっても，シナジーを発揮することは難しいだろう。

このようにPMIにおけるブランドポートフォリオの構築は非常に重要であり，統合後のブランドポートフォリオを策定し，いかにシナジーを発揮していくか，各ブランドの狙いとなる市場と提供価値を明確に定めることが非常に重要である。

そのためには，買収企業，被買収企業の間で，両者が納得した形で，ブランドポートフォリオを構築しなければならない。

しかしながら，日本企業においては，買収をした際，買収後のブランドポートフォリオを明確に描けないことが多い。なぜならば，日本企業は，コーポレートブランドとそれを支えるプロダクトブランドを結び付けるストーリーを構築することが得意ではない。そのため，優れた製品を保有していても，個別最適に陥っているため，シナジー（相乗効果）を発揮できない。さらには，優良企業を買収してもコングロマリットディスカウントに陥ってしまうことすらある。そのため，買収した企業のブランドをグループ全社のなかでどのように位置づけるのかが明確に定まらず，シナジーを生かすことができない，もしくは既存のブランドとカニバリゼーションを起こしてしまうこともある。

2　拠点統合におけるリソース融合の難しさ

買収において，すでに自社が同じ地域で事業展開している場合は，拠点のロケーションの統合が十分に進まず，リソースの重複から，採算性を落とす場合もある。また，既存の販売リソースと買収企業のリソースとの統合シナリオが明確ではないため，両社のリソースの重複もしくは，両社のリソースが全く融合しないことも多い。例えば，複写機メーカーがITサービスベンダーを買収した場合では，既存の複写機の営業人材と，買収したITサービスの会社の営業人材が全く交流せず，シナジーが全く創出できないというケースも多く出ている。買収をしたからといって，拠点統合することが100％いいとは限らない。

例えば，同じような製品を販売している拠点であれば，地理的カバレッジ（分布）と設置台数で，拠点統合するのがいいと思われるが，既存の事業に加えて，新たなる付加価値サービスを提供するために買収した場合，統合したことにより，文化の違いから付加価値サービスを提供する人員が辞めてしまうということも多い。そのため，安易に拠点統合をすることでシナジーが起きると考えるのではなく，どのようなシナジーを起こそうとしているのか，そのためにどのような役割が2つの異なる会社の間でシナジーを起こすために求められるのかを解き明かしていかなければ，シナジーは絵に描いた餅になる。

② 問題解決の方向性

問題解決の方向性として，次の3点について述べたい。

1　ブランドポートフォリオを明確に策定する
2　拠点の統合シナリオを明確に定める
3　既存の販売リソースとの役割分担を明確に定める

1　ブランドポートフォリオを明確に策定する

まず，買収した企業とどのようなブランド統合を行うのかを明確に描く必要があるだろう。例えば，自社が事業未展開の地域で買収をした場合は，主には被買収企業のブランドのまま，事業展開をし，自社ブランドは高級セグメントのみに展開するなど，ブランドポートフォリオを明確に定めなければならない。例えば，サントリー食品インターナショナルは，ASEANなどで多くの企業を買収している。例えば，同社はインドネシアでガルーダを買収し，ガルーダブランドでの展開を推進しているが2012年9月にサントリーブランドの緑茶，MIRAIを発売し，従来のガルーダの製品と異なる顧客層の開拓を行っている。

そのため，ブランドポートフォリオを策定するには，ブランドの考え方や価値観を十分に共有することが必須だ。具体的には，コーポレートブランドとし

て，どのような理念を発信するのか，コーポレートメッセージはどのようなものにするのか，製品もしくはサービスのブランドについては，グローバルで統一するのか，それとも地域別にブランドを分けるのか，ターゲット顧客層と提供価値で考えた際，製品ブランドをどのように統合するのか，その方針を明確に定めることが必要だ。

2　拠点の統合シナリオを明確に定める

次に拠点をどのように統合していくのかのシナリオを構築することが大事だ。地理的補完関係がある場合であれば，被買収企業の拠点を使っての事業展開となるが，従来から拠点を持っていた地域での事業展開となる場合，地域の重複から，拠点ごとの保有顧客，顧客基盤の強さ，営業リソースの強さを検討し，拠点の統合シナリオを構築しなければならない。

さらに，買収企業にとって，さほど事業基盤がない地域の買収であれば，被買収企業の拠点を活用するだけでなく統合後，その拠点をマーケティングにいかに生かしていくかのシナリオを構築しなければならない。例えば，飲料メーカーが行っているように，当初は地場ブランドでの展開を行うための拠点であるが，徐々に自社ブランドのマーケティングも行う拠点としていくなど，拠点の統合シナリオを構築しなければならない。

3　既存の販売リソースとの役割分担を明確に定める

既存事業とのシナジーを狙い，新規事業での買収を行った場合，既存の販売リソースとの役割分担を明確に定めることが必要だ。例えば，先述したように複写機メーカーが既存の顧客基盤を生かして，新規事業であるITサービス事業を展開するために買収を行った場合，従来からの複写機の営業人材とITサービス事業を行う営業人材との役割を明確に定めることが必要だ。

買収により獲得したリソースに何を期待し，従来の販売リソースはシナジーを発揮するためにどのような役割を発揮すべきなのかを明確に定めなければ，PMIが成功することはないだろう。

③ 先行事例

先行事例として，コニカとミノルタの統合における販売・マーケティング機能統合，さらにはコニカミノルタにおけるITサービス事業の買収と統合について述べる。

1 コニカミノルタの統合におけるPMI

(1) コニカとミノルタの統合の経緯

コニカとミノルタは，2000年4月から実施したトナーの合弁会社による情報機器事業分野における業務提携を通じて，共同研究開発による商品力の強化，トナーなどの消耗材の合弁会社による収益の向上などの協業を通じて，相互の信頼関係を極めて強固なものとした。そして，2003年4月に持株会社化を行ったコニカを承継会社とし，2003年8月にミノルタ株式会社との株式交換により，新たな両社統合持株会社，コニカミノルタとなった。その後，10月1日には持株会社のもと，両社すべての事業・機能を再編・統合し，6つの事業会社と2つの共通機能会社からなる新しい企業グループを形成した。

両社は主力である情報機器事業，光学製品，写真感材料事業，カメラ事業，ヘルスケア事業，計測器事業などを事業ポートフォリオ経営により，グループの企業価値最大化を目指した。

新生コニカミノルタは統合時点での事業規模が，1兆1,420億円，そこから，成長著しいカラー複合機に特化するジャンルトップ戦略により，強みのある欧州を中心に特化した戦略をとることにより，大きくシェアを上げている。同社の統合に至った経緯を述べたい。

トナーの合弁による共同開発を開始する前から，両社トップには，お互いが単独では勝ち残りが厳しいとの認識があった。そこで，両社の経営陣の間で，最終的な事業統合の姿を合意したうえ，今後成長するカラー印刷において，技

図表5-1　持株会社移行時のコニカミノルタの組織形態

(出所) コニカミノルタ IR 資料

術の肝であるカラートナー技術に投資し，互いのケミカル事業を磨き上げるための合弁を行うことに合意した。

　こうした危機感は複合機においては，大手3社に規模において引き離されており，かつカメラにおいては，デジタル化の波のなかで，生き残りが厳しくなっているという切迫した状況から生じたものである。

　具体的には，主力事業である情報機器事業（MFP（Multi Function Peripheral/Printer）事業）における，統合後初の決算である2004年3月期の売上は6,188億円，対して，大手の代表格であるリコーの2004年3月度の事務機事業の売上は，1兆5,576億円であるから，統合をしても大手との規模感の差は大きかった。こうした大手との規模の差が強い危機感となり，経営統合の大きな要因となった。

　また，情報機器以外の事業においては，CDピックアップレンズ，TACフィ

ルム事業，ミノルタの計測と光学技術など強い事業があったが，どの事業においてもデジタル化の波が押し寄せていた。さらに，印刷事業やヘルスケア事業は，デジタル化の影響を大きく受けていた。例えば，印刷においてはCTP化（ダイレクト印刷）が，ヘルスケアにおいてはDR化（X線画像のデジタル化）が進み，フィルムレスになり，その事業の形は大きく変化しようとしていた。

このような事業環境の変化が大きな要因となり，両社にとって最大の事業である情報機器事業において，2000年からトナーの共同事業が開始された。そして，2000年4月に情報機器事業における業務提携について基本合意をし，次世代のトナーである重合トナーの合弁事業を行うこととし，合弁会社　コニカミノルタサプライズを発足し，2000年4月よりトナーの合弁事業を開始した。この合弁会社はコニカの100％子会社である㈱コニカサプライズを母体とし，ミノルタが25％の資本参加を行う形で設立された。そして，その成果として，2001年，初の白黒重合トナー搭載機，2002年にはカラーでの重合トナー搭載機が発売されている。重合トナーとは，従来の粉砕トナーとは異なり，粉の形状を均一にし，画質の飛躍的向上，コストの低減，省エネルギー，排ガス低減など環境対応に優れており，次世代のカラー印刷技術のために戦略的に大変重要な技術であった。

発足した合弁会社であるコニカミノルタサプライズにより，両社は消耗品事業の強化を行うことから統合の準備をはじめていった。コニカが保有する技術を基盤に，両社で開発を行った重合トナーを早期に低コストで量産し，事業規模の拡大と同時に，市場地位と収益性の向上を目指すものであった。これにより，従来からの粉砕トナーのビジネスは従来通り2社個別に行うも，将来は重合トナー対応のハードウェアを増やし，ハードウェアの統合を行うシナリオを着実に進めた。

そして，2003年1月に統合が発表された。統合の形は，持株会社を設立し，その傘下に各事業会社をぶらさげる形をとった。

こうした形を迅速にとることができたのは，両社が統合についての協議を開始した1999年から，コニカは，持株会社化への移行を検討していたこと，その

図表 5-2　コニカの持株会社移行時の組織図

持株会社
コニカ（株）
従業員数：150人

	事業会社	事業会社	事業会社	事業会社	共通機能会社	共通機能会社
	コニカフォトイメージング(株)	コニカメディカルアンドグラフィック(株)	コニカビジネステクノロジーズ(株)	コニカオプト(株)	コニカテクノロジーセンター(株)	コニカビジネスエキスパート(株)
連結売上高	1,960億円	1,190億円	1,860億円	370億円	―	―
連結総資産	1,700億円	1,100億円	1,500億円	500億円	80億円	300億円
連結従業員数	4,540人	2,530人	7,030人	1,760人	410人	830人
主要製品　共通機能会社は機能を記載	・カラーフィルム ・カラーペーパー ・ミニラボ ・証明写真 ・フィルムカメラ ・デジタルカメラ	・医療用フィルム ・医療用処理機 ・印刷用フィルム ・印刷用処理機	・複写機等の事務用機器 ・消耗資材	・光ピックアップレンズ ・TACフィルム	・新規技術の開発および育成 ・知的財産権の管理および運営	・各種経営支援 ・間接サービス提供

※　分社各社の連結売上高は2002年3月期実績。総資産は2002年3月末をもとにした見通し。人員は2002年10月現在。なお，2002年3月期の連結売上高は上記以外に，その他売上高約20億円があります。
（出所）　コニカミノルタIR資料

案をもとに，コニカとミノルタ両社で持株会社の形態で2社を統合する案が検討されていたことが大きい。

　つまり，持株会社形態のもと，その傘下にどのような事業会社をぶらさげるか，さらに各事業の採算性を見るため，それぞれの事業の損益計算書がすでにはじきだされ，カーブアウトすべき事業案も検討されていた。これが両社の統合の大きな原案となった。

　ガバナンスについてもコニカ内で検討がされていたものがベースになった。例えば，委員会設置会社等の形態はコニカで1999年から検討されていたものが基になっている。

こうして，2003年8月に統合持株会社コニカミノルタホールディングスの発足後，10月には，傘下の事業会社であるビジネステクノロジーズ，ヘルスケア，オプト，センシングなどの各事業会社と中央研究所（TEC）などの機能部門ができた。また，ビジネスエキスパートはシェアードサービス会社として設立された。
　そして，ホールディングスとしての本社機能として，事業ポートフォリオ機能を構築した。例えば，創業のフォトイメージング事業については，コニカのフィルム，ミノルタのカメラ事業をあわせ，「フォトイメージング」としたが単独で生き残ることができるのかを徹底的に検証した。こうしたポートフォリオ管理が後のソニーへのカメラ事業の譲渡へとつながるのである。
　こうした準備があったため，統合後，株式価値評価，株式割当，さらに取締役の数の割当を半々にするなどのボードメンバーの構成の決定，社名はコニカミノルタ，さらにロゴなど迅速に決定できた。
　こうした迅速な統合ができたことは，発足時株式交換比率はコニカのほうが大きいが，ロゴはミノルタのロゴが踏襲されるなど，コニカとミノルタが対等に統合する精神を貫いたものとなっていることが大きく寄与している。そして，対等の精神のもとに大阪にあるミノルタ本社，新宿にあるコニカ本社の拠点を統合し，どちらからもアクセスが良い丸の内を新本社とし，マーケティング機能などの本社機能を統合した。
　両社は統合後の事業強化シナリオを見据え，統合をすることを常に念頭に置き，経営陣がミノルタ出身，コニカ出身という発言を徹底して禁じていた。それが，平等の精神となり，さまざまな意思決定をスムーズにした。つまり何のために統合をするか，ということが実施主体である各経営陣，統合を進めるメンバーに浸透していた。
　こうして，2003年10月，傘下の事業会社を設立し，経営統合を実現，新しい体制で，スタートラインにいち早く到達することができた。さらに，人事の統合を行うため，組合の統合を迅速に行い人事と処遇の統合を行った。

(2) 情報機器事業におけるジャンルトップ戦略とブランド・販売統合

こうして，2003年10月に組織形態をホールディングス，事業子会社にわけ，主力である情報機器事業（事務機事業）を統合し，コニカミノルタビジネステクノロジーとした。そして，情報機器事業（コニカミノルタビジネステクノロジー）販売・マーケティングトップとなった山名氏（現在のコニカミノルタ社長）は，コニカミノルタのブランドに統合することを決定後，拠点統合を進めた。

最初に，各地域統括拠点トップ，各国販売会社のトップを決定した。

そして，山名氏に任命された統括会社の社長がリーダーシップをとり，各国販売会社社長がそれぞれの地域の拠点での統合を進めていった。こうした販売統合は，常に「顧客が何を求めているか」から発想し，両社の統合の目的である競争力の強化，顧客価値の増大を考え，意思決定がされた。両社のブランド統合，拠点統合により，その地域の売上，競合への競争力が1足す1が2以上になる統合を目指した。両社の重複していた拠点においては販売拠点の統合を行っていった。

具体的には，両社平等の精神のもと，ロケーション，保有顧客基盤，営業リソースを見て，拠点を統合し，優秀な人材をなるべく残す形にし，拠点数を減らしていった。

そして，大手3社（リコー，キヤノン，ゼロックス）に対して，リソースの差があるため，コニカとミノルタの技術シナジーが強くかつ，特に今後成長するカラー複合機でのシェアの向上，それから新しく成長するマーケットであるライトプロダクションでの成長戦略を打ち出した。なぜならば，ミノルタはカラー技術に強く，コニカは高速技術に強いため，この2社の技術を組み合わせると高速カラー印刷が可能となるからである。当時の出願特許数を見ても，コニカとミノルタは技術的に補完関係が非常に高いことがわかる（**図表5-3**）。コニカミノルタはこの両社の補完関係を最大限に生かし，カラー印刷，ライトプロダクションといった彼らの強みが生きる領域に徹底的にリソースを投下するジャンルトップ戦略を徹底的に推進し，カラーMFP，ライトプロダクショ

③ 先行事例　103

図表5-3　コニカとミノルタの特許出願分析

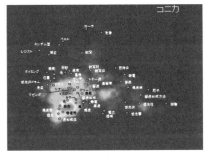
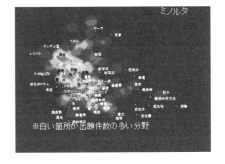

（出所）野村総合研究所

　ン機で飛躍的なシェアの向上を果たした。
　このようなお互いの強みを生かした商品開発を通じて，コニカミノルタはカラーMFP，ライトプロダクション機に強い企業として，製品プロモーション，販売実績を通じて，そのブランドが広まり浸透していった。
　このようにジャンルトップ戦略において，製品開発における統合の肝である制御開発の本部長に松崎氏（前コニカミノルタ社長）が大きな役割を担った。松崎氏は統合ブランドの肝である制御開発を行い，統合ブランドで両社の統一されたコントローラでの製品を開発した。こうすることで，統合ブランドであるコニカミノルタブランドとして，商品開発の成果を早く刈り取ることが可能となった。このような開発面での成果と山名氏のリーダーシップによる販売・マーケティングの統合により，ジャンルトップ戦略の成果を早期に獲得することができた。
　さらに，統合コーポレートブランドの浸透を徹底的に行った。同社は，経営理念として，"新しい価値の創造"を掲げ，経営ビジョンとして，"イメージングの領域で感動創造を与え続ける革新的企業"，"高度な技術と信頼で市場をリードするグローバル企業"を唱え，コーポレートメッセージとして，"The essentials of imaging"を掲げた。そしてブランド価値を高めるために，従業員への社内コミュニケーション，強化する高速オフィスカラー複合機でのマーケティ

ング，株主向けのIR，環境経営などのCSRを推進した。この一連の活動を通じて，新しいコニカミノルタというブランドの周知，浸透を徹底して推進した。

(3) 製品統合

販売する製品については，開発機能が統合され，統合開発チームの成果として製品が出てくるまでは，カラー複合機についてはミノルタ，白黒複合機については，ローエンドからミドルエンドは，ミノルタ，ハイエンドはコニカの製品を，統合されたコニカミノルタの販売拠点で販売した。そして，顧客のリース契約が満了するに伴い，統合された販売拠点でコニカミノルタブランド製品の導入を進めた。

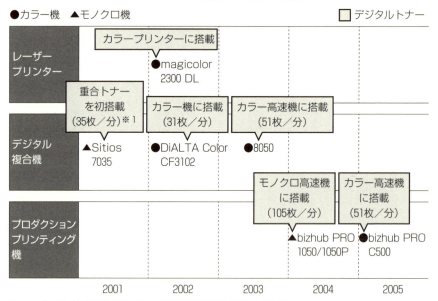

図表5-4 重合トナー搭載の歴史

※1 プリント速度はすべて，モノクロA4横の連続プリントの場合。
※2 着色剤の分子構造を再設計して，色の再現領域を拡大したトナー。彩度が高く透明感のある色合いが再現できます。
(出所) コニカミノルタIR資料を基に筆者作成

ジャンルトップ戦略の中核としてカラージャンルトップをあげ，成長著しいカラー分野にリソースを特化し，ミノルタの持つカラー技術，そして，コニカが保有する高速技術，両社で開発してきた重合トナー技術をあわせることで，カラー複合機でシェアトップになることを目指した。

そして，2000年からトナーの合弁を行ってきた成果として，初の重合トナー搭載機を白黒搭載機で2001年，カラー搭載機で2002年に発売している（**図表5-4参照**）。この時点では，トナーについては，合弁会社であるコニカミノルタサプライズで製造しているが，製品ブランドについては，コニカブランド，ミノルタブランドがそれぞれ別々に発売された。そして，重点的に取り組んだ，カラージャンルトップ製品として，2003年にColor Force 8050を発売した。

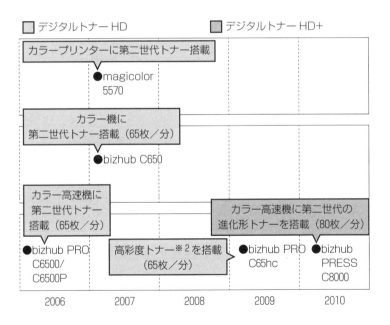

そして，2003年10月，コニカミノルタ発足後，新製品ブランド bizhub の発表をした。

これは，ビジネスの中心，働く場，ネットワークの中継地として，時間や場所の制約を越えた自由なワークスタイルを実現する，情報の統合と共有による情報活用の促進をする，さらにビジネスの流れを加速させる生産性とユーザビリティ，つまり使いやすさを実現しようという想いをこめた製品ブランドであった。そして，2004年4月に bizhub ブランド初の製品として bizhub C350 として発売した。これはモノクロ35枚，カラー22枚の MFP であり，この製品が市場で大きなヒットとなった。こうした製品開発の統合において，カラーに強いミノルタ，高速に強いコニカ，両社で共同開発した重合トナー，そして MFP の心臓であるコントローラは1999年にミノルタが買収した QMS のコントローラ（クラウンコントローラ）を元に開発を行うなど，両社の強みを生かした製品を開発できたことがその後のジャンルトップによるカラー複合機での大きなシェアの向上へとつながった。

このように，2003年10月の統合会社設立後，半年で統合開発商品が出てきたのは，両社統合の構想を1999年から，トナーの統合を合弁会社により推進するなどの準備を2000年より行ってきたことが大きく寄与している。

(4) 米国における販売・マーケティング，サービス機能統合

コニカミノルタにおける販売統合について，より詳細に述べるため，米国における販売とサービスの統合について述べていきたい。ここでは例として，米国での統合について述べるが，基本的に世界各地において同じような統合プロセスがとられた。

2003年の1月，両社の米国法人のトップであるコニカ米国法人の松本社長，ミノルタの米国法人社長の岡本氏がそれぞれの法人の経営幹部である原口氏（コニカ米国法人），仲川氏（ミノルタ米国法人）を招集した。これは，コニカ，ミノルタそれぞれの法人内で統合のための準備を開始するためであった。そして，原口氏，仲川氏のリードのもと，直販，代理店販売，アドミニストレーショ

ン，サービスの分科会が設置され，統合についての分科会の活動が開始された。そして，原口氏，仲川氏は統合プロジェクトの全体をリードする形でPMO（プロジェクトマネジメントオフィス）として，プロジェクト全体の推進をリードしていった。

当時，米国法人内では法人が統合されても，販売においてはブランド統合をせず，コニカ製品，ミノルタ製品を別々に販売することが良いと考えられていた。しかしながら，統合の検討を開始してまもない2003年初め，当時の岩居コニカ社長，太田ミノルタ社長から，ブランドはコニカミノルタに統合する方針が至上命題として伝えられた。そして，コニカミノルタブランドでのブランド統合を前提に各分科会での検討が進められた。

仲川氏は当時を振り返り，長い目でのブランド投資，成長のためにはブランド統合は避けては通れない道であったこと，さらには，それを迅速に意思決定した当時の経営陣の経営判断が正しかったと痛感しているという。

そして，米国内の統合準備プロジェクトにおいて，最初に検討したことは，米国統括法人の立地をどちらに統合するかであった。人の集めやすさ，顧客立地など各項目で長所短所の比較を行い，その結果，ミノルタが本拠地を構えているラムジーに統合することとした。当時のコニカが立地していたのはコネチカットであり，日本からの交通の便の良さなどを考慮し，ニュージャージーラムジーへの統合を決意した。米国におけるマーケティング機能は本社ラムジーに統合されることとなった。その後，米国内のブランチ（支店）をいかに統合するかの検討を開始した。販売を直接販売，ディーラー経由の間接販売に分けて2社それぞれの強みを考慮し，直販については，メジャーアカウントに強いコニカと中小企業に強いミノルタのそれぞれの強みを生かした統合をすることとした。

さらに，各州内の主要都市ごとにどちらの拠点長を残していくかを検討した。当初，コンサルティング会社からプロのコンサルタントを雇い，議論のファシリテートを外部に任せることを検討したが，その議論を外部が仕切ることは難しく，結局，原口氏，仲川氏がその議論のリードを行った。原口氏，仲川氏は，

客観性を重んじ，すべての支店長の決定は数字的実績を根拠に行った。売上，利益への貢献度合いから考え，どちらの人材を支店長とするのがいいのか，客観的データをもとに決定を下していった。そのなかで，解雇を通告しなければいけない人材も多く出たが，両氏のリードで支店長の人事を決めていった。

　このような拠点統合においては，優秀な人材の流出が問題になることが多い。それに対しては，直販についてはコニカの直販営業で，顧客と強いつながりをもっている人材，代理店販売については，ディーラーと強いつながりを持っているミノルタのディーラーサポートプログラムを推進している人材をリストアップし，新会社でどのようなことを実現したいかを重点的に伝えていくことで重要人材の維持を行った。このような形で，直接販売については，コニカの強みを生かし，さらに代理店販売についてはミノルタの強みを生かした統合を行っていった。

　なぜならば，ミノルタは，大手顧客に対してディーラー経由で販売をするソリューションセールスにおけるサポートプログラムを保有しており，ディーラーに販売するのみならず，エンドユーザーである大手顧客に対してディーラーの営業を支援するプログラムが大変優れていたため，その仕組みを踏襲し，ディーラー経由での販売を強化した。

　このように，両社の強みを加味しながら拠点統合を進め，北米の直販拠点を90拠点から60拠点に削減した。

　さらにサービスについては，MIF（マシーンインザフィールド：市場内に設置されている機械）の分析を行い，地域別に必要となるサービス人員数を割り出し，中間管理職，フィールドエンジニア含めて統合を行い，余剰となった人員については解雇を行った。さらにサービス機能の本部についてはコニカの機能が優れていたため，地域統括会社の本社はミノルタのラムジーに統合するも，サービスの本社機能についてはコニカの本社であるコネチカットに残した。これは，直販が強いコニカでは，データを使ったサービスマネジメントの仕組み，MFPのサービス履歴の管理，FAQ，フィールドテックのエンジニアをディスパッチする仕組みなどのシステムが優れており，統合会社ではコニカの仕組み

を使ってサービスを行うほうが，強いサービス基盤が築けると判断したからである．

このような準備を進めてきた結果として，2003年10月に統合を一気に実行することができた．2003年10月にコニカとミノルタの法人を統合し，持株会社を設立すると同時に，米国統括法人をラムジーに統合，サービスの本社機能のみをコニカ側に統合し，営業拠点，サービス拠点の統合を一気に進めた．

また，情報システムにおいては，コニカがオラクル，ミノルタがSAPを使用していたが，ミノルタのSAPに統合した．しかしながら，システム統合における要件定義として，大手向け直販については，大手企業に対する直販に強いコニカの業務のやり方をもとに要件定義を行い，代理店向け販売と中小企業向け直販についてはミノルタの強みであったため，ミノルタの業務の仕方をもとに要件定義を行うことで，情報システムをSAPに統合していった．この過程において，コニカ，ミノルタそれぞれの強みを理解し，それぞれの強みを生かした業務統合を行った．こうした販売に関する業務統合と，システム統合は外部のコンサルタントをほとんど使わず，社内のリソースを中心に行った．これがコニカミノルタ内のノウハウとなり，その後，さまざまな会社の買収と統合におけるプロセスを社内で行える礎を築き上げた．

2　コニカミノルタにおけるITサービス事業の買収と統合

コニカミノルタはコニカとミノルタの統合後，複合機事業（MFP事業）において，統合後，順調にシェアは伸びたが，業界全体の成長は，厳しいことが予想されていた．電子化が進んだことにより，将来にわたってはドキュメントボリュームが下落していくことが予想され，従来の情報機器事業だけでは，コニカミノルタの中心事業である情報機器事業の将来が厳しいことは明らかであった．そこで同社は世界各地で，ITサービス事業会社の買収と統合を繰り返した．特に，米国においては，2011年，オールカバードを買収し，既存の販売組織に統合し，コニカミノルタのITサービス事業部門とした．その後，米国内で複数のITサービス事業会社を買収し，ITサービス事業部門傘下につけ

ていった。それと同時に，従来からの複合機事業の顧客基盤を最大限に生かし，ITサービス事業を拡販していくことをハイブリッド戦略として，強化し，複合機事業とITサービス事業の間でのシナジーの創出を着実に進めている。

(1) 被買収企業人材の登用による新規事業の牽引とさらなるM&Aの推進

　コニカミノルタは，2011年，オールカバードを買収後，3カ月でコニカミノルタの米国法人，コニカミノルタビジネスソリューションズUSAの傘下に吸収し，法人を統合した。そして，オールカバードを同社アメリカ販売会社の傘下，ITサービス事業部門とし，オールカバードのCEOをITサービス事業のトップとした。こうすることで，オールカバードの知見をもとに，ターゲット企業の選定を行い，2013年3月末までに，10社の買収を行っている。これは，複合機事業の直販が強い都市でのITサービス事業会社の買収を行い，直販の強い拠点にITサービス事業部門を構築していった。その後は，ユニークなサービスメニューを保有するITサービス会社を買収し，サービスメニューの拡張を行った。つまり，ITサービス事業の地域カバレッジを広げ，その後，サービスメニューの拡張のための買収を行った。

(2) 統合後の顧客流出を防ぐDD（デューデリジェンス）

　しかしながら，オールカバード統合後のさらなる買収と統合を振り返り，PMIを推進した大幸常務は，買収後，一部顧客流出が発生していることを重く受け止め，2013年4月以降，買収を一時的に止め，10社の買収の振り返りを行った。その結果，顧客流出は，買収による体制の変更に不安を生じた顧客が流出していくことであると判断し，買収するターゲット企業の重点顧客については，顧客流出を最小化するための買収後の詳細なDDの進め方を検討した。買収前，ターゲット企業のオーナーから，重要顧客リストを入手し，買収が決定した段階で，早期にこれらの顧客に対して，NDA（Non-Disclosure Agreement：機密保持契約）締結のもと，統合後どのような提供価値を実現

していくか，どのような体制で事業を行うか，丁寧に説明を行った。その結果，買収後，数カ月後に起こっていた顧客の流出を最小限に留めることが可能となった。

その後，2014年度から再度，ITサービス事業者の買収を継続し，合計29社の買収を行っている。このなかには地域的ITサービス事業の拡大のみならず，金融やヘルスケアに強いITサービス事業者，ECM（Enterprise Contents Management：エンタープライズコンテンツマネジメント）事業者の買収により，サービスメニューの拡大も行っている。

こうしたなかで，販売組織を統合していくためのPMIの型を確立していった。

(3) 統合後の迅速なメッセージの伝達と販売戦略の構築

買収契約締結直後，初日に行うことは，コニカミノルタビジネスソリューションズUSAの幹部，担当地区代表などが統合の経緯，目的について，被買収企業の主要幹部に対して説明を行う。そして，同日，午後には，被買収企業の従業員に対して，コニカミノルタビジネスソリューションズUSA経営幹部から，買収の経緯，目的，今後どのような提供価値を実現していきたいかを説明し，人事部門が統合における人事上の方針とQ&Aに多めの時間をとり，被買収企業の従業員が抱える統合後の不安を除去している。

さらに，コニカミノルタビジネスソリューションズUSAから，複合機のマーケティング部門や，サービス部門からコニカミノルタの機器やソリューション，サービス事業のプレゼンテーション，デモンストレーションを行い，被買収企業社員へのコニカミノルタの事業への理解を醸成している。

こうして，丁寧かつ迅速に統合後のメッセージを伝えていくことで，コニカミノルタビジネスソリューションズUSAが元来保有している複合機の事業にITサービス事業のシナジーを創出することに成功している。

さらに，2日目，3日目では，各詳細，サービスのより詳しい説明を行いながら，どのようなサービスが2社で実現できるかについて，協議を行っている。

(4) PMIを通じ，被買収企業の良さを積極的に採り入れる

　コニカミノルタの大幸氏は，コニカミノルタの買収の特徴は決して自分たちの価値観を押し付けないところであるという。つまり，PMIを通じて，被買収企業が持つ良いところをなるべく吸収することを常に重きをおいている。そのひとつの例として，米国ITサービス事業強化の一環として，2015年に買収したシムクエストから多くのことを学び，自らの組織に採り入れた事例がある。

　複合機メーカーがITサービス事業者を買収する場合，複合機の営業人材とITサービスの人材との間ではその事業スタイル，商談サイクルも全く異なっており，顧客に対して両社が協力することは難しく，シナジーが十分に創出できないことが多い。

　そこで，コニカミノルタビジネスソリューションズUSAは，MFP事業とITサービス事業で高いシナジーを実現できているシムクエストグループにヒアリングにいき，彼らがどのように両営業部門の顧客基盤を共有しているかを調査した。シムクエストグループは，米国北東部州（バーモント州，ニューヨーク州，ニューハンプシャー州，メイン州）で事業を行う販売会社であり，コニカミノルタが買収する前よりMFP顧客へのITサービス事業販売，もしくはその逆でのシナジーが実現できていた。具体的には，販売全体の50％がMFP顧客へのITサービス事業販売，もしくはその逆でのシナジーが実現していたという。コニカミノルタはMFP事業とITサービス事業間でのシナジーの出し方について，旧シムクエストグループの経営陣からヒアリングを通じ，学び続けた。

　その結果，月曜日の朝には必ず，MFP営業とITサービスの営業が見込みの共有を行い，コワーク（協業）を徹底する。また，ITサービス，MFPそれぞれの予算ノルマ達成のみならず，顧客基盤を共有し，MFP，ITサービス両方を顧客に導入していくことを高く評価するなどの評価基準の改定を行った。

　おそらく，こうしたことはITサービス事業者を買収した多くのメーカーがすでに取り組んでいることであるが，問題はそれをどこまで徹底してやりきる

かということである。

　元々考え方が異なる MFP と IT サービスの営業がお互いを理解し，お互いの信頼関係を早く構築させることが大事だと考えた。そのため，MFP，IT サービス営業それぞれの個人の信頼関係を尊重し，信頼関係があるもの同士でのコワークから推進した。これは，コニカミノルタが買収した会社からいかに学び，そして学ぶべきところを，忠実に実行し続けていることから実現されている。

(5) トップマネジメントの PMI への徹底的な関与

　コニカミノルタビジネスソリューションズ USA CEO であった大幸氏は，PMI において徹底的にハンズオン（自ら直接指導のもと）のマネジメントを行った。2013年度赴任後，オールカバード率いる IT サービス事業について，2週に一度は PMI の状況確認を行った。こうした徹底した関与は元オールカバード CEO であり IT サービス事業部門トップのコミットメントを高めた。これは，大幸氏が単に報告をさせるだけではなく，IT サービス事業をより成長させるためにはどのようなサポートをすべきかを考え，それらを着実に実現してきたことによるものである。

4　課題解決の要諦

　課題解決の要諦として，次の4点がある。

1　ビジョンの再構築とコーポレートブランディングの再定義
2　マーケティング戦略の再定義とブランドポートフォリオの再構築
3　シナジー構築のための役割の定義
4　お互いの強みを生かした機能統合

1　ビジョンの再構築とコーポレートブランディングの再定義

　PMI で，販売，マーケティング機能の統合を進めていくためには，買収，

統合後，どのような姿を実現したいのかを明確に描き，共有することが大事だ。統合した会社がどのような姿を実現したいのかを明確に構築することが必要だろう。そのうえで，自社のコーポレートブランド，さらに製品，サービスのブランドポートフォリオの再構築を行わなければならない。

コニカミノルタの場合，両社が実現したいビジョンを企業理念として構築し，コーポレートブランドの浸透を推進した。具体的には，企業グループとしての理念を，「新しい価値の創造」とし，「イメージング領域で感動創造を与え続ける革新的な企業」「高度な技術と信頼で，市場をリードするグローバル企業」を経営ビジョンとし，「The essentials of imaging」を企業メッセージとして発信をした。そして，この新しいコーポレートブランドの浸透を徹底的に行った。

さらに，「The essentials of imaging」を社内にも徹底的に浸透させることにより，従業員への社内コミュニケーションを強化した。そして，強化する高速オフィスカラーMFPでのマーケティング，株主向けのIR，環境経営などのCSRを推進した。この一連の活動を通じて，新しいコニカミノルタというブランドの周知，浸透を徹底して推進し続けている。この活動は，統合後一貫して行われており，環境経営，健康経営，ガバナンスなどの観点で多くの受賞実績，さらに，山名社長からの欧州の展示会や新製品発表イベントなどグローバル規模での対外的なメッセージ発信などによる成果もあり，強いコーポレートブランドを構築することに成功している。コニカミノルタが統合の成功事例と見られているのは，こうしたコーポレートブランディングの活動成果も大きく寄与している。

コーポレートブランディングで重要なのは，社外についての発信ももちろんだが，社内についてのブランディングも力を入れて行うことである。コニカミノルタのITサービス事業の買収にもあったように，買収後，従業員に対して，コニカミノルタと一緒に事業をやるとどのような提供価値が実現できるのか，社員への説明をじっくりと時間をかけて行っている。また，山名社長の社外への発信は，メディアを通じて，社員へのインターナルブランディング活動となっており，自然と自社への誇りとなり，社員のベクトルをあわせていくとい

う効果にもつながっているのだ。これは，事業における統合ブランドポートフォリオの構築においても非常に重要なプロセスであった。

2　マーケティング戦略の再定義とブランドポートフォリオの構築

　PMIを成功させるには，買収後，マーケティング戦略を明確化しなければならない。誰を顧客として，どのような価値を実現したいのか，今一度再定義することが必要だ。コニカミノルタは統合後，マーケティング戦略を再構築している。

　まず，主力事業である情報機器事業では，ジャンルトップ戦略により，カラー高速機，ライトプロダクションの市場開発にリソースを集中的に投下した。さらに，成熟したMFP市場から次の成長市場への基盤を築くため，ITサービス，さらにはマーケティングサービスへとそのマーケティング戦略を再構築した。

　最初に，主力事業である情報機器事業においては，ジャンルトップ戦略を策定し，bizhubを製品ブランドとして発表している。bizhubブランドは，同社の重合トナーの強み，コニカの高速技術，ミノルタのカラー技術を統合し，ライトプロダクション市場を開発し，大きな成功を収めた。

　コニカミノルタは，オフィスにMFPを提供するのみならず，ITサービス，さらにはマーケティングサービスへとその提供価値を拡大し，市場開発をしていくマーケティング戦略の再構築を行った。

　ITサービスについては，オールカバードの買収に見られるように，即座にブランド統合し，コニカミノルタブランドでの展開をしているが，マーケティングサービスについては，現業との距離感から，当面は被買収企業のブランドを使い，地理的カバレッジを広げ，その後，コニカミノルタマーケティングサービスにブランドを統合している。

　具体的には，ITサービス事業とマーケティングサービス事業における，PMIでのブランド統合についてみてみたい。

まず，ITサービスについては，オールカバード買収後，コニカミノルタにブランド統合し，コニカミノルタのITサービス部門としている。これは，MFPはネットワーク機器として使われるため，ネットワーク対応力は必須であるからであり，そのため，即時のブランド統合を行うとともに，米国におけるオフィス向けのITサービスの推進ビークルとして，オールカバードを位置づけた。

　それに対して，マーケティングサービスにおける買収については，ブランド統合に時間をかけている。コニカミノルタは，オフィス顧客に対して，企業外で大量に印刷される販促物を中心とした印刷物を印刷するのみではなく，印刷に関連する周辺業務の受託までを価値として提供するマーケティングサービスを成長領域と位置づけた。そして，イギリスでチャーターハウス，オーストラリアでエルゴを買収している。チャーターハウスは，印刷を行うのみならず，印刷物のコストダウンや，業務プロセスの改善，マーケティング企画の支援業務などを行っている。エルゴは印刷業者および，一般企業に対して，印刷業務プロセスの改善，販促活動の目的にあった付加価値の高い印刷物の企画・制作を支援する会社であった。

　この2社の買収に関して，販売面について，既存のMFP事業が保有している地域的カバレッジの広さを活用し，被買収企業のブランドのまま，マーケティングサービス事業の地域拡大を行った。

　これは，買収後の統合プロセスをまずスムーズ推進するために，既存の被買収企業のブランドを活用し，事業の地域的拡大を優先した。これはオールカバードの行っているITサービスに比べると，チャーターハウス，エルゴが行っているサービスが既存のMFP事業と距離があり，ブランドを即時に統合することは得策ではないと考えたからだろう。

　そして，チャーターハウス，エルゴなどの被買収企業は，コニカミノルタの拠点を使い，自らのブランドを活用した拠点の拡大により，商圏の拡大ができた。

　その後，2017年4月にエルゴとチャーターハウスをコニカミノルタマーケ

ティングサービス株式会社に統合をし，コニカミノルタブランドでのマーケティングサービス事業としてのグローバル展開に切り替えていった。

　これは同社が，マーケティングサービス事業をいかにグローバルに展開していくかという明確なマーケティング戦略を保有していたから，買収した会社のリソースを活用した事業の地域拡大，そして最終的には同社のブランドでのグローバル展開を可能にした。こうした明確なビジョンと方向性の明示は販売・マーケティングにおける統合では非常に重要になる。

　既存事業との距離感などを考え，当面のブランドポートフォリオを検討し，そのまま，別ブランドとしていくのか，それともどこかの時点でブランドの統合を行うのかは，被買収企業のリソースの維持，買収企業の既存事業との距離感の近さを検討のうえ，決定してくことが求められる。

　このように自社のマーケティング戦略を再構築したうえで，既存事業については，重点的に強化していく市場の明確化と製品ブランドの決定をすることが必要だ。

　さらに，新規事業の買収を行った場合は，既存の事業との距離の近さから，即時にブランド統合するものと，被買収企業のブランドのまま推進し，時間をおいて，統合をしていくものなど，その統合の方針を定めることが必要だ。

3　シナジー構築のための役割の定義

　コニカミノルタは，オールカバードにおいてもエルゴ，チャーターハウスにおいても同社の事業戦略，マーケティング戦略における被買収企業の位置づけを明確にしている。

　つまりオールカバードは米国におけるITサービスに主要な推進ビークル，さらにエルゴ，チャーターハウスは各々が保有する元来のテリトリー，つまりチャーターハウスであれば英国を中心とした欧州，エルゴであればオーストラリアを中心としたオセアニアからマーケティングサービス事業をグローバルに展開するための推進ビークルとしての位置づけを明確にしている。具体的にはチャーターハウスは，元々の欧州の事業から，コニカミノルタのサポートの下，

米国にそのテリトリーを広げた。さらに，エルゴはオセアニアから，アジア，日本へとそのテリトリーを広げている。

　さらに，既存の販売リソースといかにシナジーを出すかを入念に考えなければならない。

　コニカミノルタがITサービス事業を推進していくために，MFPとITサービスのクロスセル（Cross Sell：自社商品の購入者に他の自社商品を販売すること）が実現できている拠点を回り，シナジーを創出するための会議体，情報共有の仕組み，お互いにコワークしやすい環境の作り方などをベンチマークした。それにより，同じような仕組みを導入し，シナジー創出を実現していった。

　これは当たり前ではないかと思われるかもしれないが，実際，うまくいっているところは少ない。なぜならば，MFPとITサービスのリソースは水と油ほど，持っている文化が違う。確かに，MFPはネットワークに接続されるため，ITサービスとMFP事業は事業としての親和性は高い。しかしながら，ITサービスを推進するシステムエンジニアのマインドはハードウェアに対する関心はきわめて薄い。また，顧客のIT担当者も，プリンターはヒューレット・パッカード（HP）がデファクトスタンダードであり，HP以外のMFP，プリンターの検討をすることで，余計な手間をかけたくないと考えている人々がほとんどだ。つまり，事業としての距離感は非常に近いが，文化があまりにも異なるのだ。それがゆえに，力技でシナジーを創出しようとしたMFPメーカー各社は，過去，拠点統合などを行い，ITサービス事業者の従業員が大量に辞めてしまうなど苦い経験を多くしている。

　コニカミノルタはこうした事例も研究し，かつ，同社のディーラーで，MFPとITサービスを両立しているディーラーを丹念に訪問し，ヒアリングをしている。そして，そこからの学びの実践として，MFPの営業とITサービスのエンジニアとのコワーク（共働）について，あまり固定的にルールを決めず，お互いに交流をさせ，さらに週に一度の会議で，顧客に対する情報の共有を徹底して行っている。この自由度を持たせる部分と，しっかりとルールを決めて運用する部分とのメリハリを付けてPMIを推進することで，着実にシ

ナジーの創出を実現している。

4 お互いの強みを生かした機能統合

　PMIを成功させるには，買収企業，被買収企業それぞれの強みを生かした統合を行うことが必要だ。コニカミノルタは，コニカが強い直販とミノルタが強いディーラー経由での代理店販売の強みを生かした統合を行った。買収する際，お互いがすでにその地域で販売を行っているのであれば，それぞれの強みをよく棚卸しすることが必要だ。直販，代理店販売などの販売形態，サービス契約比率など収益構造の違いなど，それぞれの強みを分析し，お互いの強みが生きる機能の統合が求められる。そして，それぞれの強みを生かした販売，マーケティングの仕方を踏襲し，業務プロセスもその強みをもとに再設計することなどが必要だ。例えば，コニカとミノルタが統合をした際，大手への直販はコニカをもとに業務の要件定義をし，代理店販売，中小企業向け販売については，ミノルタの販売業務をもとに業務設計し，SAPのシステムに統一，業務とシステムの統一を行っている。また，サービスについては，コニカが保有するサービスの仕組み，強みを生かし，コニカの保有するサービスに関する業務プロセスなど基盤を活用した統合を行っている。

　これらは，お互いの強みをしっかりと分析し，それぞれの強みが最大限に生かせる統合を進めていくという原則を徹底してやりきったからできることであった。とかく，どちらのものを残すのかということが政治的駆け引きになり，なるべく自分たちのものを残したいという，駆け引きにつながりやすい。そのようにならないためには，コニカミノルタがそれぞれの統括会社の社長，各支店長として，客観的に業績が高い人材を残すことを徹底したように，政治的ゲームが入り込む余地を徹底して排除していくことが必要だ。この客観性を徹底し，販売・マーケティングの機能統合により，何を実現したいのか，先を見据えて議論を行い続けることにより，お互いの強みを生かした統合についての議論が進んでいくのである。

　PMIにおいて，販売・マーケティングの機能統合は，肝となるところである。

成功に導いていくためには，客観性を徹底し，政治的駆け引きが入る余地を徹底して排除し，それぞれの強みを生かした機能統合により，シナジーを高めていかなければならない。

第6章

SCM 機能統合

1　SCM 機能統合の問題点

　製造業の活動範囲がよりグローバル規模になることにより，生産拠点，サプライヤーネットワークのグローバル化が進展し，SCM は複雑さを極めている。さらに企業買収をすることにより，SCM 機能における PMI を進めていくことは，大きな困難を伴う。

　PMI を推進していくうえでの SCM に関する問題点は，さまざまであるが，特に多くの企業に共通で見られる以下の問題点について述べていきたい。

> 1　買収企業，被買収企業間での市場環境への共通理解が醸成されない
> 2　対象部門が広く，SCM についてのコンセンサスがとれない
> 3　部門縦割りの活動となってしまう

1　買収企業，被買収企業での市場環境への共通理解が醸成されない

　SCM を構築するうえにおいて，買収企業と被買収企業の間での市場環境への共通理解が重要なる基盤である。しかし，グローバルな買収と統合である場合，日本市場から遠い海外市場の市場環境を買収企業が理解することは難しい。

　例えば，成長著しい新興国において，今後，流通環境がどのように変化するのか，さらに求められる品質がどう変化していくのかという見方を統一することは至難の業だ。被買収企業からすれば，現地の流通構造は買収企業より深く理解しており，品質，加えて価格帯についても先進国とは全く異なるものである。しかしながら，買収企業は，例えば流通が近代化することにより，ペットボトルなどパッケージの変化が起こるのみならず，無糖，微糖など健康志向の広まり，求められる品質の高まりというシナリオを描きたくなる。こうした将来の市場環境への共通認識の情勢は困難を伴う。それがゆえ，どのような SCM モデルを目指すべきかのコンセンサスづくりはさらに難しくなる。

2 対象部門が広く，SCMについてのコンセンサスがとれない

　SCMは販売，サービス，調達，生産と部門横断的な活動であり，PMIにおいても，被買収企業，買収企業が部門横断的に取り組むことが求められる。しかし，PMIのプロセスにおいて，販売，サービス，調達，生産各部門の統合に留まり，事業戦略を実現するためのあるべきSCMの姿の合意形成が進まないことが多い。統合を進める組織として，統合推進分科会が組織化されるが，そのなかで，生産，販売，調達，サービスなどの各部門での議論によっては，お互いの目指す姿の間にコンフリクト（利害衝突）を生じてしまう。例えば，販売部門はより顧客ニーズに合致できる商品をなるべく幅広くラインアップとしてそろえておくと同時に，より短いリードタイムで顧客に商品を届けることを最も大事な課題としているのに対して，生産部門はなるべく在庫を少なくしたいと考えている。つまり必要な数だけタイムリーに生産し，在庫も仕掛品もなるべく少なくしたいと考えている。こうした利害が衝突するなかで，SCMのコンセンサスをとることが難しい。

　そのため，どのようなSCMモデルを目指すのか，目指すべき姿に対してコンセンサスを醸成することには多くの困難を伴う。

　さらに，日本企業はもともとSCMに関するグローバルでのガバナンスが弱く，事業，地域各組織が部分最適になりやすい。SCMをグローバルに最適化するための明確な仕組み化がされていることは，欧米企業と比較すると少なく，自社の明確なモデルを被買収企業に説明できる形になっていないため，自社のモデルをベースに議論を進めることができない。そのため，まずは，買収企業のSCMを理解するところから議論を開始しても，どのようなSCM業務を目指すべきかというコンセンサスをつくれないことも多い。

3 部門縦割りの活動となってしまう

　SCMの活動そのものの特性として，関連部門が多岐にわたることは先述した。それがゆえに目指すべきSCMのモデルを買収企業，被買収企業との間で

構築することはさらに難しさを伴う。仮に，バランススコアカードの戦略マップのような形で目指すべき SCM モデルについての合意を形成しても，日々の活動を進めていくうちに，部門縦割りの活動に陥ってしまうことが多い。

例えば，販売部門は，売上の最大化のみを求めていくため，在庫が過多となろうと，機会ロスをいかに最小化し，売上をいかに最大化するかを考えるだろう。

それに対して，生産部門は生産効率を追求すること，仕掛品を含めて，いかに在庫を最小化するかを考えるだろう。このような形で，部門間の利害が一致しないことが多いなかで，部門縦割りの活動となってしまうと，SCM を最適化することはできない。

そのため，部門の間への横串を刺し，部門間でコンフリクトが生じた場合は，全社での最適化を考えなければいけないが，各部門の問題を解決することに終始し，部門横断での最適解を考えるに至らないこともある。特に，海外企業の買収を行う場合，ジョブディスクリプション（職務記述書）など，個人の業務，組織の業務が明確に定義されている分，部門間をまたぐような業務については，見過ごされがちである。そのため，部門横断での活動を行うことは，日本企業を買収するよりも多くの困難が伴う。

2 問題解決の方向性

問題解決の方向性として，次の4点がある。

1　被買収企業における SCM の実態把握
2　PMI における部門横断的 SCM プロジェクトの編成
3　目指すべき SCM モデルの構築
4　買収企業からの支援体制の明確化
---

1 被買収企業における SCM の実態把握

PMI において，SCM 業務の統合をスムーズに進めるには，早期における被

買収企業の実態の把握をすることが必要となる。あるべき SCM の業務を実現するため，各バリューチェーン，つまり生産，物流，販売における現状の把握を早期に行うことが必要だ。買収前のデューデリジェンスで行える実態把握には限界があるため，買収契約成立後，即日，開発，生産，販売，物流，サービスなどの各バリューチェーンにおける実態の把握を行わなければならない。

それぞれのバリューチェーンにおけるオペレーションの実態，部門責任者，担当者が感じている問題点，改善の方向性などを把握しておくことが求められる。その際，各バリューチェーンにおけるキーパーソンの把握を行うことが必要だ。これは PMI における SCM の構築において，部門責任者の把握に留まらず，実際に業務を現場まで落とし込み実務を回している人材を把握することにより，より適切な人材を巻き込んでいくうえでも重要になる。

2 PMI における部門横断的 SCM プロジェクトの編成

実現したい戦略を明確に策定し，そのうえで，それを実現するための SCM のあるべき姿を買収企業，被買収企業が共同で議論することが大事だ。こうしたことを進めていくためには，部門横断的 SCM プロジェクトの編成をしなければならない。生産，調達，販売・マーケティング，サービスなどの SCM に関連する部門横断のプロジェクトを編成することが求められるだろう。こうしたプロジェクトを編成していくためには，SCM に関連する各部門において，その部門長のみならず，実務のキーマンが誰であるかを把握していくことが必要だ。

日本企業の特徴は，トップダウンの意思決定ではなく，生産，販売，サービス各部門の中間管理職が優秀であり，現場の状況を見ながら，状況にあわせた現場での対応を行うことである。しかしながら，欧米企業，アジア企業など海外の企業では，トップダウンの傾向が強く，トップの決定に沿って実務を遂行するということが多い。そのため，現場の社員は，トップからの指示を待つことが多く，現場からの提案があがってくることが少ない。

そのため，生産，販売，サービスなど各現場で起きていることを共有するた

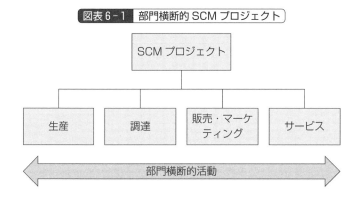

めには，部門責任者である役員クラスのみならず，中間管理職も含めたSCMプロジェクトの編成が求められる。また，こうした中間管理職が，自ら考え，状況の変化に応じた判断を行う，もしくはトップマネジメントに対して，提言をしていく人材に育てていく必要がある。

つまり，SCMプロジェクトの編成はチームを編成して終わりなのではなく，プロジェクトを通じた人材育成，オフザジョブトレーニングを通じた人材育成を推進してくことが求められるだろう。

3　目指すべきSCMモデルの構築

PMIにおいて，SCMモデルが各部門の業務に個別最適なものとならないため，常に全体最適で検討を進めていくことが必要だ。その方法としては，例えば，統合会社で実現したい戦略を策定し，そこからバランススコアカードの戦略マップのような形でまとめていくことなどが考えられる。

そのため，バランススコアカードで策定した戦略マップからSCMに関連する項目をとらえていく必要がある。

そして，戦略マップで策定した，SCMのKPIを実現していくために，どのようなSCMモデルを目指していくべきかを明確にすべきだ。

まず，戦略の意図を継承した形で，部門ごとの目標の設定をしていくことが必要だ。収益重視なのか，それとも顧客に対するスピードを重視するのか，機

図表6-2　バランススコアカード　戦略マップ（再掲）

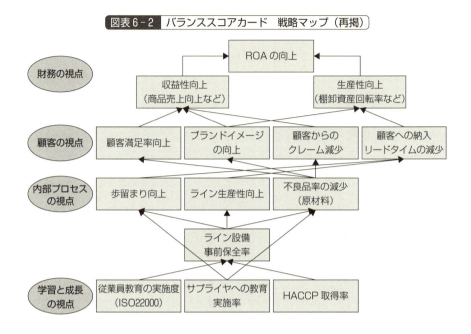

会ロスをなくすために，売上重視でいくのかなどの戦略レベルでのSCMの方針を，開発，設計，需給調整，生産，調達，物流，販売，サービスなどの各部門で決定していくことが求められる。

　そして，それら各部門で定めた要件を実現していくためのSCMモデルの定義を行うことが必要となる。このSCMモデルの定義については，各部門の要件を実現するための拠点の統廃合，商流・物流の設計，在庫の配置の仕方，などいくつかのシナリオを策定して，最適なシナリオに仕上げていくことが求められる。

　昨今は，ラマソフトとサプライチェーンのデザインをするためのシミュレーションを行うソフトウェアもある。ラマソフトとは，サプライチェーンネットワークの構築を行うため，サプライチェーンに関するデータの可視化，起こりえる問題，非効率的な領域，リスクを可視化し，拠点，配送ルートなど複数のシナリオをモデル化することで，シミュレーションを行うことにより，需要，

リードタイム，コストなどの観点から最適なサプライチェーンを構築するためのソフトウェアである。

こうしたツールを活用し，トータルのコストシミュレーションを回し，最適なサプライチェーンモデルを定義したあとに，そのモデルを実現するための個々のオペレーションとITを設計し，構築，実行を推進しなければならない。

4　買収企業からの支援体制の明確化

このように策定した目指すべきSCMのモデルに対して，買収企業は，どのような支援ができるのかを明確にすることが大事だ。例えば，生産設備が老朽化し，市場のニーズに対して，十分な生産体制が整えられない場合であれば，工場に対する設備の更新もあるだろう。もしくは，買収企業の工場と連携を行うことで，商品ラインアップの拡充を行うことも考えられる。つまり，目指すべきSCMのモデルに対して，それを実現していくために何が足りないのか，足りないことに対して，買収企業がサポートできることは何があるのか，買収企業はどのような支援体制を組めば，その足りないものに対する支援が可能となるのかを明確にしていくことが必要だ。

③　先行事例

先行事例として，住友ゴムの事例を述べたい。住友ゴムは南アフリカでの買収にあたり，成長戦略を実現するために，SCMのあるべき姿を議論し，導き出した。

住友ゴムは，長期ビジョン「VISION 2020」で，新市場への挑戦，飽くなき技術革新，新分野の創出といった方向性を明確に示している。そのなかでも特に新市場への挑戦において，新興国や資源国に拠点を展開するという方向性を示すだけではなく着実に実行できるよう，工場進出すべき市場として，ブラジル，トルコ，南アフリカを挙げていた。そして，2011年にブラジル，2013年にトルコを新規に立ち上げ，そして，2013年12月，拡大が見込まれるアフリカ市

場へのタイヤ供給のため、南アフリカの「アポロタイヤ南ア社」(以下「アポロ南ア社」)を買収した。

親会社のインド・アポロタイヤ社と合意したもので、ダンロップブランドタイヤをアフリカ30カ国とインド洋2カ国で販売・製造する権利のほか、アポロ南ア社の販売網、レディスミス工場を総額60億円で取得した。

アポロ南ア社は、アポロ社が2006年に当時のダンロップタイヤズ・インターナショナル社を買収して設立したもので、アフリカ、インド洋の32カ国で販売権を持つダンロップブランドを中心に、南アフリカではトップクラスのシェアと認知度があった。一方、住友ゴムグループは、アフリカ20カ国でダンロップブランドの使用権を持ち、アフリカ以外の地域で生産した製品を輸出・販売していた。住友ゴムは被買収会社をSumitomo Rubber South Africa (Pty) Limitedと社名変更し、アフリカ全土でダンロップブランドの使用権を確保した。また、2013年12月からレディスミス工場を住友ゴムの南アフリカ製造拠点として運営し、2017年にかけて乗用車、ライトトラック[注]用タイヤをあわせて日産1万4,000本の生産能力とする設備投資をしている。南アに製造拠点を持つことにより、アフリカ地域のタイヤ販売事業を拡大、グローバル展開を加速させている。

住友ゴムにおけるSCMでのPMIにおいて重要なポイントは、①戦略と業務プロセスの統一、②業績管理方法の統一と部門間横串での連携推進、③生産能力の拡張と投資効果のフォロー、④人材の育成への取組みにある。

(注) ライトトラック(米国の自動車分類でSUV、バン(大型のコンベンショナルバンとミニバン)ピックアップトラックが含まれる。)

1 戦略と業務プロセスの統一

買収の過程で、当時、海外事業を統括していた伊井取締役専務執行役員(当時、取締役常務執行役員)を筆頭にアポロ南ア社の経営陣と戦略についての議論を尽くした。人事面では、住友ゴムは、被買収会社であるアポロ南ア社のCEOであったリアズ・ハフェジー氏を新会社のCEOとすることを決定した。

そして，アポロタイヤが持つ事業理念と住友ゴムの企業理念，住友ゴムWAYをお互いに理解することによって，事業理念の統合を行った。両社の経営理念を付き合わせ，お互いの経営理念について，理解を深め合い，両社の理念の共通点が多いことを相互理解し，互いを尊重しあう環境を形成した。そして，住友ゴムのグローバル戦略の説明をし，2社がアフリカでどのような事業戦略を実現すべきかを議論をしていった。現地に入り込んだ日本人の経営陣が，アポロの経営陣との議論を尽くし，アポロの戦略の理解（777戦略），理念の理解を行ったうえで，ワークショップを何度も開催した。こうして，当時のアフリカ市場を理解し，競合の動きを理解したうえで，お互いが力をあわせることによってアフリカ市場でナンバー1になるという目標を掲げ，"Beyond777戦略"を策定した。これは，2社が一緒になることで，シナジーを創出し，アポロ1社ではできなかった成長戦略を実現したいという想いを込めたものであった。

　そして，戦略を実現するために何をすべきかを戦略マップで可視化し，それを実現するための施策について，その実行状況，特にどのような不具合が起きているかを早く把握し，改善のアクションをいち早く決定する形にした。

　例えば，アフリカで一番のタイヤメーカーになるために必要なこととして，商品ラインアップの拡大，特に市場サイズが大きい南アフリカでのシェアアップ，自動車メーカー向け製品の納入，注文への充足率の向上など具体的に必要となる施策を議論していった。この過程で，SCM強化の必要性について2社間で共通意識の醸成を行った。そこで，住友ゴム，アポロ共同で統合のための分科会を構成し，販売，サービス，生産など横断的にSCMについての議論を行った。

　買収前からアポロにはSCM部門は存在しており，需要予測は行っていたが，生産，販売と横串を刺した形での施策の実行状況のモニタリング，改善活動は行えていなかった。その結果，注文の充足率が足りない，もしくはラインアップ不足による機会ロスが多く生じていた。

　買収後，両社PMI推進組織で，どのようなことが発生していたのかを部門

横断的に議論をした結果，販売からは商品ラインアップの不足，生産からは設備が老朽化しており生産したいプロダクトが製造できないこと，などの事実が把握された。この結果，それぞれの部門の現状を理解したうえで，目指すべきアフリカ事業の姿に対して，SCMとして具体的に何をすべきかを議論していった。SCMとして強化していかなければいけないことを明確にし，日本側，つまり住友ゴムがそれに対して何ができるかを議論した。3で述べる生産設備投資などは，そのなかでも最大の重要項目であった。また，生産できる品目がかなり限定的であったため，SUV（Sport Utility Vehicle）タイヤなど，売れ筋のタイヤで現地で生産できないものについては，住友ゴムのタイ工場などからの輸出を当面行い，機会ロスを減らしていくことを決定していった。

そして，あるべきSCMの姿を共同で構築を行い，SCMにおける需要予測プロセス，生産計画策定における計画連携のプロセスを2社で構築していった。

2 業績管理方法の統一と部門間横串での連携推進

買収前のアポロ南ア社では，部門の壁が高く，悪いことはなるべく報告しない風土があったが，ハフェジーCEOと日本から派遣された経営陣が中心となり，戦略を実現するために，どのような不具合が起きているかをいち早く把握することに努めた。そのために，業績管理KPIの統一とその管理サイクルを短くした。具体的には年に一度の予算策定を住友ゴムグループの他の海外子会社同様に年間四度にした。さらに月に一度の部門長会議，月に二度の上級課長会議で，状況の報告に留まらず，意思決定をその場で行っていく形に変えた。これによって，報告の会議が，業績指標を見ながら意思決定する場へと大きく変化した。

こうした変化は，ハフェジー氏の強いリーダーシップと住友ゴムのKPI，管理手法がうまく噛み合い実現した。つまり，日本企業として細かくモニタリングするということのみならず，ハフェジー氏の迅速な意思決定が融合され，問題把握，意思決定が迅速化されたことが大きな要因である。

業績管理の統合にあたって，まず行ったことは，KPI，さらにはそれらの管

理サイクルを統一したことにある。まず，月に一度 CEO と部門長による Executive Committee（ExCom）を開催し，主要な意思決定を行うようにした。加えて前述の上級課長会議を通じて，販売会議や業績，ならびに各種オペレーション（経理，生産，SCM など）に関する進捗確認やアクションの見直しを行い，SCM 会議で需給の予測を行った。そのうえで，販売側での販売予測を基に生産計画を月次策定している。この SCM 会議で，販売と生産をつなぎ，部門横断での議論，意思決定を行うことに努めている。

しかしながら，いまだ SCM を推進するうえでは，多部門にまたがるがゆえの難しさがあるという。買収当初よりは，部門間の壁は低くなっているが，部門間連携に横串を刺すために，現地にいる日本人トップマネジメントの役割は大きく，縦割りになりがちな部門に横串を刺し，在庫回転率の向上とリードタイムの短縮，オーダー充足率の向上を着実に実現している。こうした会議では，KPI として，リードタイム，在庫量，注文に対する充足率，重要商品の供給状態などがどのように改善するかを月次で議論を行い，状況を監視するとともに，改善に対してとるべきアクションの意思決定を行っている。

3 生産能力の拡張と投資効果のフォロー

こうした計画連携を 2 社で構築したことにより，被買収企業，買収企業が共同で業務設計をすることができた。その過程で，南アフリカのレディスミスにある工場に大きな設備投資を行った。なぜならば，レディスミスの工場は買収前，投資を行うことができず，設備は古いままで，製造できるタイヤのプロダクトラインも限定されていたからである。

そこで，買収後，約100億円を投じて設備能力を増強し，日産9,600本の体制を，2017年には，1万4,000本体制にまで引き上げた。さらに付加価値の高い生産品目を増やしていくことに力を入れた。この大規模な設備投資を成功させ，生産技術，品質を引き上げるために日本人のベテラン技術者を南アフリカのレディスミス工場に派遣している。このように生産管理，生産技術を日本から移転し，さらには，業績管理方法の統合をしていったことにより販売，生産など

が連携した形でSCM業務を推進することで,投資に対する効果を着実にあげている。

こうして,2013年に買収してから,5年の間に,トラックバス用タイヤ,乗用車タイヤ,SUVタイヤ,ハイパフォーマンスタイヤ,自動車メーカー向けのタイヤでの設備投資を行い,生産品目を増やしていった。

4 人材の育成

住友ゴムはこうしたPMIの過程で人材の育成に大変力を入れた。こうした人材の育成が,戦略を実現するために,部門最適ではなく,部門間が連携して動くことの大切さを伝えていくうえでも大きな効果があった。

まず,買収直後,現地トップマネジメントを日本の神戸本社,福島県白河工場に招待し,住友ゴムの経営理念,戦略,生産に関する考え方を説明し,理解の醸成を行った。

また,SLDP(シニアリーダーシップデベロップメントプログラム)を回し,一度に15人の現地人シニアマネジメントに対して,延べ12日間の教育を行っている。これは住友ゴムWAYに対する教育,リーダーシップを高めるためのモチベーション管理,エンゲージメント,多様な人材のマネジメントなどについて学ぶことでリーダーとしての育成を強化している。このSLDPはすでに四度開催されており,すでに60人のシニアマネジメントが受講を終えている。このコースは,住友ゴム南アフリカの現地人人材が講師となり,内製されたプログラムであり,大きく成果をあげることができた。この成果を受けて,現在は教育対象をさらに若い世代に広げている。

さらに,工場のリーダークラスを宮崎工場に5週間派遣し,生産現場でのリーダーの育成を図った。この効果は大きく,日本工場で行われている労務管理なども学び,レディスミス工場においての労務管理の考え方に大きな影響を与えている。こうした教育を経て,工場の現場のリーダーは,セーフティ(安全性),プロダクティビティ(生産性),クオリティ(品質),ピープル(出勤率)などの工場での管理手法を徹底的に教育され,現場での生産性向上に寄与して

いるという。このような教育を進め，日本的な労務管理の手法が導入されたことで，組合とのコミュニケーションが大幅に改善され，工場の生産性の向上，コスト低減が進みつつある。

こうした成果として，2020年には，アフリカの事業規模が2013年の買収時点と比較して，倍の規模となる見通しがついている。

4 課題解決の要諦

課題解決の要諦として，次の4つのポイントが重要となる。

1　目指すべきSCMモデルの明確化
2　グローバル戦略を踏まえた地域でのSCMの構築
3　S&OP業務の確立
4　被買収企業のグローバルSCMの役割を明確にする

1　目指すべきSCMの明確化

最初に，中長期の成長戦略を実現していくには，どのようなSCMが求められるのかを明確にしなければならない。これは，買収後，どのようなSCMを実現していかなければならないかなどについて，ぶれないPMIを推進していくためにも非常に重要になる。

目指すべきSCMを構築するには，中長期の戦略から，どの市場で成長していきたいのかを明確にし，そのうえで，ターゲット市場に対して製品供給するために，どこに生産拠点が必要であるのかを明確に策定しなければならない。

食品のように，消費地での生産が必要となるのであれば，伸ばしたい市場のそれぞれの国内に生産拠点が必要となるだろう。そのため，買収した企業の工場を使い，その国内において，どのようにSCMを構築していくかが重要になる。さらに被買収企業の販売網と生産能力をもとに，買収企業の生産ノウハウを生かした商品セグメントの拡充を推進していくことなどが考えられる。

サントリー食品インターナショナルは，アジアでの成長を重点戦略とし，アジア各国で成長戦略を実現するために求められる SCM を明確にした。そして，ベトナムとタイでは，ペプシの現地法人との合弁会社を設立，インドネシアではガルーダとの合弁会社を設立している。これは食品会社が成長するためのSCM は，成長を実現していくべきマーケット，それぞれの国単位で現地での生産拠点を構築していかなければならないからである。このように食品では，重点的に伸ばしていきたい市場を決め，狙いの国に対して，その国内にどのように生産の立地，ブランドを築いていくかを考えなければならない。その結果として，各国での買収，もしくはジョイントベンチャーの設立ということが目指すべき事業戦略である。こうした事業戦略を推進することで，狙いの市場で地位を確立したブランドと現地でのSCM の構築が可能となった。

それに対して，電機製品，精密機器であれば，集中生産を行い世界規模の供給を行うことが基本となる。

実際，ヒューレット・パッカード（HP）はサムスンの複写機事業を買収したが，サムスンが保有していたMFP の生産機能を活用し，HP の顧客に対して世界規模での供給を行っている。

先ほど述べた住友ゴムは，長期ビジョン「VISION 2020」で，新市場への挑戦，飽くなき技術革新，新分野の創出といった方向性を明確に示し，新興国や資源国に拠点展開を行うため，工場進出すべき市場として，ブラジル，トルコ，南アフリカを挙げていた。そして，それを着実に実行すべく，2011年にブラジル，2012年にトルコ，そして，2013年5月，拡大が見込まれるアフリカ市場へのタイヤ供給のため，南アフリカの「アポロタイヤ南ア社」を買収している。同社は，事業戦略を明確に定め，そこで必要となるSCM モデルを明確に定めている。

2　グローバル戦略を踏まえた地域でのSCM の構築

こうして目指すべきグローバルでのSCM モデルを構築したら，その後，地域でのSCM の構築を行うことが必要だ。グローバルSCM において，地域で

どのようなSCMを構築するべきなのか，さらには，被買収企業がどのように位置づけられ，どのような役割であるべきなのかを明確に定めていくことが必要である。

例えば，住友ゴムの場合であれば，アフリカという市場で成長していくために，アポロの買収を行った。そして，アフリカのサブサハラ，つまりサハラ砂漠から南側の地域に対して，アポロで生産したものを供給していくことで地域での市場シェアをあげていくことを着実に実行している。そして，伸び行くアフリカ市場でアフリカナンバー1のタイヤカンパニーになるために，アポロでの生産ラインアップを拡大していき，アフリカ域内でのSCMを構築することを目指している。

このように，住友ゴムは，地域において最適なSCMを構築するために，あるべきSCMのモデルを検討し，現地での生産が必要となる製品ラインアップを明確にし，そのうえで，求められるSCMの姿を描き出している。さらに，目指すべき業務のレベルを明確にするため，モニタリングすべきKPIを定めている。つまり，戦略を実現するために，重点地域であるアフリカでどのようなSCMを実現するべきかを定め，さらに，それを実現するための被買収企業の役割を明確に定めている。

また，サントリー食品インターナショナルは，伸び行くアジア市場で成長戦略を実現するために，アジアにある飲料メーカの飲料事業を買収し，過半を出資する形でジョイントベンチャーの設立を数多く行っている。このように，ソフトドリンクなどの飲料メーカにとっては，その国のなかで生産し，消費することが基本だ。そのため，各国において，飲料メーカーを買収していき，その国のなかで，需要予測，生産計画を策定し，PDCAを回していくという形で，SCMが営まれる。

こうした地域でのSCM構築について重要となるのが，地域統括拠点の役割だろう。目指すべきSCMモデルが構築されたら，地域内で統一したKPIを定め，地域ごとの進捗をモニタリングすることが必要だ。このように，地域統括がSCMの業務品質向上において，リーダーシップをとっていくことにより，

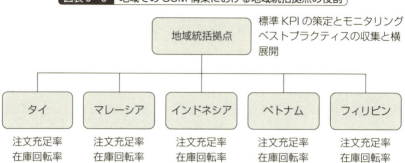

図表6-3 地域でのSCM構築における地域統括拠点の役割

地域各国にある被買収企業のSCMのパフォーマンスを横比較できるようになる。特に、食品メーカーなどアジア地域などで、複数の国において買収を進めている場合は、地域統括の役割はますます重要になる。なぜならば、地域統括が各国のPMI状況を同じKPIで管理していくことにより、SCMの業務品質を高めていくことが可能となるからである。そのためには、地域統括は常にベストプラクティスを探索し、その事例を横展開することを推進しなければならない。

このように地域統括が、SCMについての業務品質向上にリーダーシップをとることにより、買収企業は、統一したKPIのもと、各国がどの程度まで業務品質を高めているのか、その状況を横並びにモニタリングをすることができる。また、各国でのSCM業務のベストプラクティスを共有し、他の地域に移植していくなど、地域での業務の底上げにも大きく寄与することができる。

3　S&OP業務の確立

さらに、あるべきSCMを実現していくためには、部門横断で、SCMの最適化を進めていかなければならない。その際、重要となる考え方が、S&OPという考え方だ。

S&OP業務とは、Sales & Operations Planningのことであり、企業において、

4 課題解決の要諦　139

経営層と生産，販売，在庫などの業務部門が情報を共有し，連携することで，意思決定速度を高めサプライチェーン全体を最適化する手法である。

このような S&OP 業務が必要となっている背景は，過去からの SCM の取組みによる現場での需給調整だけでは，利益最大化を行うことができないからである。例えば，従来の SCM の取組みだけでは，営業が掴んでいるマーケット情報が適切に需給予測，生産計画に活用されていない。

従来からの SCM 業務が在庫適正化や納期遵守率の向上を中心にフォーカスするのに対し，S&OP 業務は営業が入手するマーケット情報に基づき，売上，利益などの事業計画と PSI 計画つまり，生産，販売，在庫管理などの現場のオペレーションに瞬時に反映していくことで，利益の最大化を狙うものである。

しかしながら，S&OP 業務は，買収という状況でなくとも，実現することが難しい。それは，事業計画の達成に向けて，市場環境の変化に対して，経営層，販売・マーケティング，生産，物流などの業務部門との間で，計画と実績を金額・数量両面で共有しながら意思決定を迅速にしていくことは，部門間の壁，

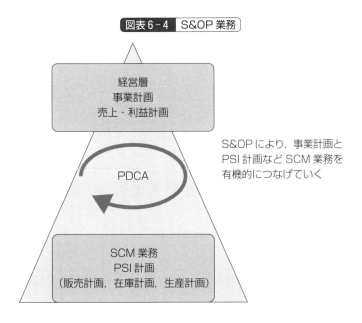

図表6-4　S&OP業務

情報共有のIT基盤など多くの課題を伴うためである。まして，それを買収した企業買収後のPMIで行っていく難しさは，想像に難くない。

4　被買収企業のグローバルSCMの役割を明確にする

　海外の企業を買収した場合，それぞれの部門が明確なジョブディスクリプション（職務記述書）を持ち，明確に役割を定義している分，そこに記述していること以上のことをしたがらないから，その困難は一層厳しいものとなる。

　このようなPMIでの難しさを乗り越え，買収の成果を着実に実現するためには，経営企画，販売，マーケティング，生産，物流などの各部門が部門横断的に連携しなければならない。具体的には，事業計画を実現するために，求められるSCM業務のあり方を各種KPIで明確にし，それらをモニタリングしながら，PDCAを回していかなければならない。

　こうした活動を着実に推進するためには，月次でのステアリングコミッティなどの会議体において，KPIの実現のために解決しなければならないな課題に対して部門横断的なアクションプランを明確にし，着実に実行できる推進力が求められる。

　こうした業務を回していくためには，現地にいる日本人のマネジメントの役割は大きい。部門間連携の横串を通し，在庫回転率，リードタイム短縮，オーダー充足率などのKPIの改善について議論を行い，状況を監視するとともに，改善に対する採るべきアクションの意思決定を迅速に進めていくことが求められる。もちろん，現地人マネジメントで，こうした横串を刺した連携がすぐに根づけば，理想的ではあるが，現実はジョブディスクリプション（職務記述書）で定められた業務を責任範囲とする海外企業において，部門横断での業務は根づくまでに時間がかかることが多い。こうした状況において，PMIのために現地に入っている日本人トップマネジメントの役割は大きく，事業計画の達成と，それを実現するSCMの各業務とをつなぎあわせていく業務を推進し，現地人マネジメントへと浸透を進めていくことが必要となる。

　PMIにおいて，SCM業務の統合は，S&OP業務の実現をすることで，営業

4 課題解決の要諦　141

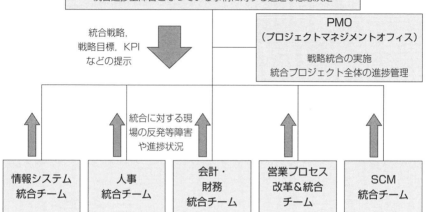

図表6-5　PMIの推進体制（再掲）

(出所)　野村総合研究所

部門，マーケティング部門，生産部門，資材部門などが連携し，各KPIのモニタリング，実現を通じ，売上，利益目標といったシナジーを創出していくことが可能となる。

　そうした意味において，S&OP業務の実現は，PMIにおける効果を実現するためのポイントともいえる業務といえるだろう。

第7章

製品・事業開発

1 PMIにおける製品・事業開発プロセス統合の問題点

　日本の製造業による買収は，開発プロセスにおける統合において，大きな困難に直面することも多い。製造業にとって，製品・事業開発は，買収後のシナジーを創造していく重要なプロセスである。昨今は，日本の製造業は，ソフトウェアサービスやインテグレーションなどの獲得によるサービス事業化を目指した買収も増えているため，製品のみならず，事業開発という観点からもPMIにおける開発プロセスの統合を行わなければならなくなっている。

　PMIにおける製品・事業開発プロセス統合の問題点は，以下のような点があげられる。

1	被買収企業のビジネスモデルの理解不足
2	開発プロセスに関する言葉の定義の相違
3	開発におけるゴールに対する共感が困難
4	品質に対する考え方をあわせることができない

1　被買収企業のビジネスモデルの理解不足

　被買収企業のビジネスモデルを十分理解できないことから，製品，事業開発がうまくいかないことも多い。製品・事業開発のコンセプトの前提には，その会社がどのようなビジネスモデルで事業を行っているかということがあるので，被買収企業のビジネスモデルを正しく理解することは大変重要だ。例えば，用途開発をしながら，新たな市場を切り開くような事業においては，顧客の困りごとやワークフローなどを理解し，それを製品・サービスの開発に結び付けることが重要である。そのため，製品そのものがさまざまな機能を持ち，高性能であるということより，顧客の困りごと，ワークフローにあわせて，ピンポイントで，尖った性能，特性がある製品であることが求められる。

　こうしたビジネスモデルを持つ企業を買収した場合であっても，日本企業は，

自社が保有する技術をもとに，製品の機能を向上させ，自社製品とのシナジー創出を狙おうとする。そして，自らの開発部隊が補完できることを前提に，さまざまな機能を盛り込み高い性能の製品をつくりたがる。その結果，元来の製品特性が薄れてしまい，被買収企業が有する強みも薄れてしまうことも少なくない。

2　開発プロセスに関する言葉の定義の相違

　開発プロセスのPMIにおいては，両社における開発における言葉の定義が異なることが問題になることが多い。開発における言葉の定義は，同じ言葉でも，異なることを意味していることも多く，お互いに同じ言葉で話していても，その意味合いを正しく理解できないまま，お互いの開発プロセスを十分に把握することができないことがある。こうした場合においては，どれだけコミュニケーションの回数を重ねてもお互いの理解は深くならない。

　また，スケジュールに関する考え方の相違も問題になることもある。例えば，ゴールを先に定め，そこから遡って策定する場合もあれば，スタート時点から積み上げていく場合もある。こうしたスケジュールに関する考え方が異なると，開発工程についての考え方も大きく異なることとなる。

　このように，製品・事業開発について，大事にしている言葉の定義や考え方などが異なることによってお互いの組織間に高い壁が生じる。その壁のために，お互いを理解することができないまま，製品・事業開発の中核的なプロセスにまで踏み込めず，時間だけが経過してしまい，統合が進まないことがある。

3　開発におけるゴールに対する共感が困難

　開発において，そもそもどのようなゴールを目指しているのか，そのゴールに対する共感が得られないと，開発を進めてもうまくいかないことが多い。そもそも，どのような社会的課題を解決したいのか，何のためにその開発を推進しているのかといった開発におけるゴールの設定について，両社の間で十分に共有ができていないと，PMIはうまくいかない。

そのため，まずは，何のために事業開発を進めているのか，そこで実現したいものはどのような価値なのかを，お互いが十分に議論し，理解を深めなければならない。それを怠り，被買収企業がどのような事業を実現したいのかを共有できていないと，買収企業は，開発プロセスのチェックのみを行うことになってしまう。

4　品質に対する考え方をあわせることができない

　特に新興国の企業を買収した場合，品質に関する考え方が大きく異なることがあり，それがゆえに統合がうまく進まないことがある。例えば，第一三共製薬が買収したインドのランバクシーは，買収直後から品質問題を起こし，米国食品医薬品局（FDA）から米国への製品輸出禁止措置を受けた。第一三共は，経営陣を送り込むなど，同社の品質問題に対処してきたが，現場レベルまでの行き届いた指導を徹底することは難しく，改善措置が遅れた。結局，第一三共製薬は，買収して6年後，同じ後発薬大手，サン・ファーマシューティカル・インダストリーズに同社を売却した。

　自動車部品も同様である。自動車メーカーと直接取引をしているメーカーが，新興国でのアフターマーケット市場に進出しようとして現地メーカーと合併する場合は，その市場で求められる品質水準を明確に認識することが必要である。自動車メーカーとの取引では極限まで高い安全性，品質が求められるが，ターゲット市場のアフターマーケットで求められる品質は，極論すれば，多少の不良があっても市場に出しながら修正し，品質を高めるという考え方もあり，求められる品質は大きく異なる。そのため，当該市場のアフターマーケットでは，多くの部品メーカーは，市場に出回っている製品をリバースエンジニアリングし，市場で受け入れられる品質とコストのバランスを見て，製品開発をすることが多い。こうした考え方は，自動車メーカー向けの事業を中心とする日本の部品メーカーには感覚的に理解することが難しい。そのため，何度理屈で違いを説明されても，自動車メーカー向けの品質を要望してしまい，被買収企業との考え方の差異が埋まらないことがある。

このように，商品品質に関する考え方をあわせることができないため，統合がうまく進まないことが多い。ターゲット市場に対してどのような品質の製品を導入していくのか，両者で十分に検討のうえで，対象市場の特性と製品品質に対する考え方をあわせていくことが必要だろう。

② 問題解決の方向性

問題解決の方向性として，次のようなポイントがある。

1　被買収企業のビジネスモデルの理解
2　製品・事業開発における言葉の定義の理解
3　製品・事業開発におけるゴールの確認と合意
4　品質に対する考え方の統一

1　被買収企業のビジネスモデルの理解

最初に，被買収企業のビジネスモデルを理解することが大事だ。ビジネスモデルを十分理解することにより，どのような価値を顧客に提供し，差別化を実現しているのかを理解しなければならない。例えば，用途開発をすることで，新しい市場開発をしている企業であれば，ターゲット市場にあわせ，ある特定の機能に尖った（尖鋭的な）製品開発をすべきであろう。買収前のデューデリジェンスの段階で，このようなビジネスモデルを把握していたとしても，買収後，PMIを行う段階となると，買収企業自らが貢献できる領域を広げようとするあまり，さまざまな機能を盛り込み，高性能な製品コンセプトを求めがちである。こうしたことにならないよう，買収企業は，被買収企業のビジネスモデルはどのようなものであるか，何を提供価値として，差別化しているのかという点に常に立ち返らなければならない。

2　製品・事業開発における言葉の定義の理解

　まず、製品・事業開発における言葉の定義を明確にし、あわせていくことが大事だ。お互いどのようなプロセスで開発を進めるのか、そのプロセスに対する考え方をお互いに明示し、さらに、それぞれのプロセスにおける定義をお互いに理解する。そうすることで、相互の製品・事業開発におけるプロセスにおける意味や工程管理の方法、開発マネジメントの考え方、プロジェクトマネージャーなど開発に携わる体制における各プレイヤーの役割、リスク管理の考え方などへの理解を深めることになり、それぞれの言葉の定義についても、より深く理解することが可能になる。また、言葉の定義をあわせていくうえで、お互いが理解できるように辞書や用語集のような形ですぐに参照できるような形にしていくことも大事である。

3　製品・事業開発におけるゴールの確認と合意

　製品・事業開発においては、買収した段階で開発途中のテーマを統合していくこととなる。この際、大事になることは、お互いに何のために製品・事業開発を実施しているのか、そのゴールの再確認をお互いに行うことであろう。このゴールについての理解が異なっていると、その後、開発のプロセス管理において、何を重視し、どのような工程を大事にしていくべきかについての意識が合わず、さまざまなコンフリクトを生じる可能性が高い。例えば、PMIの段階において、買収企業の開発部門からさまざまな人員が関与し、被買収企業が混乱するという場合がある。

　こうしたことがないよう、買収企業は、先にポイントの1で述べたように、被買収企業のビジネスモデルを理解し、進行中の各開発テーマのゴールについて、前もって理解と合意を行ったうえで、シナジーが出せる領域を定めるべきである。

　また、被買収企業も、各開発テーマについて、買収企業が保有するリソースを掛け合わせることにより、単独で行う開発よりも、より高い付加価値の実現

をすることを理解する必要があり，そうしたシナジー効果を創出することを踏まえ，自らのゴールを再設定することが求められる。

4 品質に対する考え方の統一

製品開発を進める際には，買収企業，被買収企業の間でターゲット市場の特性を踏まえ，品質に関する考え方をいま一度あわせることが大事だ。すなわち，どのような顧客を狙うのか，その際，どのような品質が求められるのかについて，改めて確認することが必要だ。

例えば，ある飲料メーカーは買収後，被買収企業との間で，以下のようにして品質に関する考え方を徹底的にあわせている。買収時点において，被買収企業は，工場を出荷されるまでの品質については自らの責任範囲だと考えていたが，飲料メーカーは，顧客が手に取るまで，つまり製品物流後，店舗に配置されるまでを責任範囲としなければならないと考えていた。PMIの段階では，こうした品質に対する考え方の差異を明確にし，出荷時までを考えるのではなく，顧客の手元までを責任範囲と定め，品質に対する考え方を浸透させた。

さらに，品質に関する考え方を高めるだけではなく，狙いとする市場のニーズに適した品質とコストとのバランスを考えることが重要となる。例えば，インドネシアであれば，500MLのペットボトルの水は20円といった価格水準であり，その水準は先進国と大きく異なる。日本企業が求める高品質は高価格につながりやすいが，ターゲット市場で求められる価格水準とのバランスに配慮する必要がある。

③ 先行事例

先行事例としては，ソニー，コニカミノルタについて述べる。ソニーはコニカミノルタからの一眼レフカメラ事業を買収し，大きく事業成長をさせることに成功している。また，コニカミノルタは，アンブリー・ジェネティクスの買収を行ったことにより，同社にとっては新規事業であるプレシジョン・メディ

シン（個別化医療）分野での戦略的取組みを推進している。

1 ソニーによるコニカミノルタからの一眼レフカメラ事業買収と PMI

⑴ 買収の概要

　ソニーはコニカミノルタからデジタル一眼レフカメラ事業に関連する事業譲渡を受けることを2006年1月に発表した。また，買収による統合業務を迅速に実施したことにより，ソニーは一眼レフカメラを含めたデジタルイメージング事業を短期間で強化させ，市場シェアを大きく高めることに成功している。これは，2005年7月の共同開発発表から数カ月以内にソニー内部で今後のデジタル一眼レフ事業の方向性を検討するチームを立ち上げ，2社のカメラ事業を統合する検討を進めたことにより，迅速な統合が実現できたことが大きな要因となっている。

　その成果として，具体的には，ソニーはコニカミノルタの子会社であるコニカミノルタフォトイメージングが持っていたαマウントシステムと互換性を持つデジタル一眼レフカメラに関する開発，設計，製造などに必要な資産を取得し，αマウントシステムに準拠し，互換性を持つ新たなるデジタル一眼レフカメラの開発に成功している。

⑵ ソニーによる PMI とその成功要因

　ソニーにおける一眼レフカメラ関連の事業部長として当初から推進してきた勝本氏は，当時を振り返り，①譲渡後の迅速な果実の享受，②相手の懐に飛び込む，③技術者の自主的な気づきへの誘導，が技術・製品開発統合に成功した大きな要因であると振り返る。

　ソニーは2005年7月にコニカミノルタフォトイメージング株式会社とレンズ交換式デジタル一眼レフカメラを共同開発することに合意し，レンズ交換式デジタル一眼レフカメラ事業の買収を発表する前から，共同開発を先行して進め

てきた．お互いが保有する関連技術やキーデバイスを生かして，αマウントシステムに準拠し，互換性を持つ新たなるデジタル一眼レフカメラの商品化を進めた．この共同開発において，コニカミノルタは，フィルム時代から培ってきた AF（自動焦点技術），AE（自動露出）技術，一眼レフ特有のメカトロ技術や，1600万本に及ぶ交換レンズ資産を有しており，一方，ソニーは，CCDなどのイメージセンサー技術，画像処理技術，リチウムイオンバッテリー技術など，デジタル映像機器に不可欠な主要技術・デバイス技術，さらには，小型・軽量化を実現する設計，トータルデザインと高密度実装技術を有していた．こうした2社が共同で新しいレンズ交換式デジタル一眼レフカメラを共同開発することは，光学技術の強みとエレクトロニクス技術の強みを融合した新たな一眼レフカメラを開発，商品化する可能性を秘めていた．

ソニーは，2006年1月，コニカミノルタから一眼レフカメラの事業譲渡を発表すると同時に，コニカミノルタの技術者，保有する技術を最大限に尊重する融合方策を実施した．まず，コニカミノルタの技術者が拠点を構える大阪にその開発，事業拠点を移した．こうした行動の背景には，相手の技術を理解し，尊重することが成功のためには不可欠と考えたからである．

事業譲渡発表後，迅速な統合を進めることが可能になった背景には，2005年7月の共同開発発表から数カ月以内にソニー内部で今後のデジタル一眼レフ事業の方向性を検討するチームを立ち上げ，2社のカメラ事業を統合する検討が進めたことにある．こうして，ソニーは，共同開発を進めながら，コニカミノルタが保有する一眼レフ製造に関連する設備，製造プロセス，販売などの事業イメージをつかんでいった．そのなかで事業におけるオペレーションの具体的把握，例えば，販売，マーケティングの仕方，さらには部品の持ち方，販売後のサービスに至るまで，精密と電気に由来する両社の企業文化の違い，具体的なオペレーションとの違いを理解していった．こうして，2006年1月の事業譲渡発表時までには，ソニーのメンバーが光学技術に由来する一眼レフカメラ事業に対する理解を深めることができた．

2006年4月には大阪に新しい事業拠点をつくり，ソニーからの参画メンバー

は全員そこに異動をした。コニカミノルタからは百数十名，ソニーからも数十名ほどが大阪に異動し，ソニー株式会社デジタルイメージング事業本部AMC（Aplha Mount Camera）事業部がスタートした。この事業部は，統合された両社のメンバーの内，約3分の2が技術者で構成されていた。

　新しくできたAMC事業部は，デジタル一眼レフカメラ市場において，2年で二番手をとることをスローガンにし，まずは2社が持つ言葉の定義をあわせることから開始した。精密産業からスタートしているコニカミノルタと，エレクトロニクス事業にその礎をもつソニーとでは，同じ言葉でもその定義が異なる場合が少なからずあった。開発の工程スケジュールを考えるときに，ソニーはゴールを定めてから考え，工程をひいていくが，精密メーカーであるコニカミノルタは，スタート時点から工程，スケジュールを積み上げるという違いがあったため，スケジュールの考え方をあわせていくことから開始した。

　ソニーは，コニカミノルタ出身の技術者を尊重し，上位機種からエントリークラス機種に至るまで，両者が一体となって光学技術を極めた商品開発を思う存分に取り組む環境を構築した。

　こうした活動の成果として，共同開発を開始して1年半後，事業譲渡を発表した半年後である2006年6月，ソニーはコニカミノルタと統合後初めてのデジタル一眼レフカメラ，α100を発表した。2008年9月にはフルサイズセンサーを搭載したハイエンド機種，α900を発表している。

　こうした統合後の商品開発を経て，デジタルイメージング事業全体を統括しいていた石塚茂樹デジタルイメージング事業本部長は，「光学技術だけでは，一眼レフカメラにおける先行者，キヤノン，ニコンに勝つことはできない。両社が一丸となり，光学技術，エレクトロニクスを融合した新しい領域のデジタル一眼レフカメラを開発する必要がある。」と決意する。このことが，コニカミノルタより譲渡された，Aマウントより小型のEマウントシステムの開発につながることになった。それは，ソニーが持つエレクトロニクス技術をふんだんに盛り込み，ミラー機構を取り払った既存の一眼レフより小型で軽量なミラーレスカメラの実現であった。そして，2010年6月に，ミラーレス一眼

「NEX」の発売にこぎつけた。

　AMC事業部では，NEX以外にも固定式透過ミラー技術によるトランススルーミラーレンズ（透過ミラー搭載技術）を用い，切れ目ないオートフォーカスによる高速連写を可能とするカメラの開発プロジェクトも同時に進めていた。このように，当時のソニーは，石塚本部長（前掲）と半導体事業本部の鈴木副本部長の強烈なリーダーシップのもと，さまざまな最新イメージセンサー技術，OLEDを使ったEVF（電子ビューファインダー）などの搭載を行う一方，メカニカル部品の搭載を極限まで減らすことに取り組んだ。

　こうした取組みは「ONE SONY（"全社一眼"となり取り組む）」という標語にも体現され，ソニーグループ全体の力を横断的に盛り込み，これまでにないデジタル一眼カメラの開発が次々と行われた。その結果，初のEマウント搭載ミラーレス機であるNEX-3，NEX-5に続き，2010年7月には従来のAマウントでトランススルーミラーレンズを搭載したα55が発売された。こうしたデバイスと光学技術の組み合わせはその後，Eマウント搭載機の小型かつ本格的性能を持ったフルサイズセンサー搭載ミラーレス一眼の開発に引き継がれ，2013年の大ヒット商品であるα7，7Rにつながっている。

　ソニーはコニカミノルタの一眼レフカメラ事業の譲渡を受けたあと，全社一丸となり，技術・製品開発を続けてきた。これは石塚氏をはじめとした歴代のデジタルイメージング事業本部幹部が信念をもって，事業を守りぬいたことがその背景にあるのだ。

　これはオリンパスの内視鏡事業統合のケースでも同様である。
　デジタルカメラでの事業統合を推進した勝本氏は，2013年4月，オリンパスとの内視鏡事業でのジョイントベンチャー事業会社であるソニーオリンパスメディカルソリューションズ株式会社の社長に就任し，事業統合を推進してきたが，内視鏡の事業統合時を振り返り，①統合後の迅速な果実の享受，②相手の懐に飛び込む，③技術者の自主的な気づきの誘導が，技術・製品開発統合に成功した大きな要因であると振り返る。オリンパスの開発拠点である八王子に拠

点を構え，オリンパスと共にお互いの技術を持ち込み早い段階から商品の企画を仕込んだこと，そして，オリンパスの技術者を尊重し，お互いが自主的な気づきを得ることで，お互いの技術を尊重した技術開発を自発的に進められるようにしたこと，これがソニーオリンパスメディカルソリューションズ株式会社における4K内視鏡の開発における成功要因になっている。

2　コニカミノルタ ── コニカミノルタによるアンブリー・ジェネティクスの買収

(1)　買収の経緯

2017年7月，コニカミノルタは産業革新機構と共同で，アンブリー・ジェネティクス社の買収に関する契約を締結した。出資比率は，コニカミノルタが60％，産業革新機構が40％の買収となった。

今回の買収の狙いは，がん治療に大きな期待がもたれているプレシジョン・メディシン（個別化医療）推進に向けた戦略的取組みである。プレシジョン・メディシンは，個々人の細胞における遺伝子発現やたんぱく質などの特性を分子レベルで判別することにより，個々の患者を精密にグループ化して，最先端の技術を用いて適切な投薬，治療と予防を提供する医療である。従来の画一的

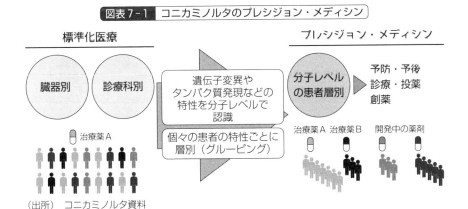

図表7-1　コニカミノルタのプレシジョン・メディシン

（出所）　コニカミノルタ資料

な方法ではなく，患者特性に応じた集団ごとの治療法から疾病予防までを確立することにより，適切な投薬，治療が可能となり，膨張する国民医療費の削減の切り札として注目されている。また，個人の特性を鑑みた適切な投薬により，副作用の軽減，患者のQOL（QUALITY OF LIFE）向上に寄与するといわれている。

　また，創薬分野では，効果的なバイオマーカーの発見により，薬理試験の効率化を促進することができる。さらに，臨床試験における正確な薬効予測を可能とし，臨床試験期間やその規模の縮小により，新薬開発の効率化を実現することができるという。

　アンブリー・ジェネティクス社は，最先端の遺伝子診断技術を持ち，高度な商品開発力，多様な検査項目，高い検査処理能力，遺伝子カウンセラーチャネルでの圧倒的な強さを保有しており，この強さを背景にし，がん領域を中心とした米国遺伝子検査市場におけるリーダー的存在である。同社は世界で初めて

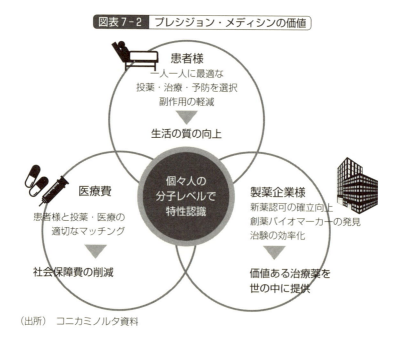

図表7-2　プレシジョン・メディシンの価値

（出所）　コニカミノルタ資料

診断を目的としたエクソーム解析試験を始め，遺伝性および非遺伝性の腫瘍，心臓疾患，呼吸器疾患，および神経疾患など多数の臨床分野向け遺伝子検査を提供している。同社がカリフォルニアに所有する最先端の大規模ラボにおいて，すでに，100万を超える遺伝子検査の実績を持ち，500種類の遺伝子において，45,000上の突然変異を特定している。

(2) コニカミノルタによる技術開発における統合

コニカミノルタは，アンブリー・ジェネティクス社の買収において，最先端の遺伝子診断技術，バイオインフォマティクスを駆使した高度なIT解析技術，最新鋭で大規模な検体検査ラボ，高収益なサービス事業を取得することができた。これにより，コニカミノルタが持つ固有技術であるたんぱく質高感度定量検出技術（HSTT）とアンブリー・ジェネティクスが持つ遺伝子診断技術という，患者のグループ化や新薬開発に欠かせない2つのコア技術をあわせることが可能となった。今回の買収により，プレシジョン・メディシン事業の展開エリアを，アンブリー・ジェネティクスがリードしてきた米国から，日本・アジアおよび欧州へと拡大することが可能となる。これにより，コニカミノルタは，この分野におけるグローバル・リーディングカンパニーに成長しようとしている。

コニカミノルタは，写真フィルム事業時代から培ってきた機能性粒子技術を進化させたHSTTというたんぱく質定量化技術を持ち，それをどのように利用することが可能かを徹底的に議論してきた。その結果，その活用用途として，遺伝子解析とのシナジーを見据えてプレシジョン・メディシンを向かうべき方向として見出した。それがゆえに，アンブリー・ジェネティクス社も，コニカミノルタとの融合による新たなる技術開発に大きな意義を見出したわけである。

コニカミノルタは，こうした技術開発における融合を行っていくため，同社から製薬分野に知見が高い人材をアンブリー・ジェネティクス社に送り，製薬業界が悩んでいるさまざまな課題，例えば，がんなどの病気の根源的原因とその解決について，綿密な議論を行っている。この過程において，遺伝子，たん

ぱく質，病気，製薬業界に詳しい人材が集まり，スピード感を持って，一つひとつの課題に対して議論を行い，向かうべき方向についての結論を導き出している。こうした議論を積み重ね，判断の場を共有することにより，両社は，お互いをリスペクトし，互いの価値観やコーポレートカルチャーへの理解を進めてきた。今後は，それぞれの組織が融合していくことにより，さらに新しい技術を開発することが可能になると期待されている。

　同社の買収と統合を推進している藤井専務は，今回の買収と統合は，世界最先端の技術を持つ企業を引き込み，個別化医療分野のプラットフォームを構築するとともに，それを土台として，補強が必要な分野においてが有力なベンチャー企業とも提携し，同分野で世界トップレベルの人材を獲得していくビジネスモデルだと言う。

4　課題解決の要諦

　課題解決の要諦として，以下の点について，事例の内容も踏まえながら，開発におけるPMIを進めていくためにどのようなことに注意して進めるべきかを述べていきたい。

```
1  被買収企業の価値観の理解
2  被買収企業の開発プロセスの理解と支援内容の明確化
3  開発チームの組成
4  開発プロジェクト管理における報告体系の徹底
```

1　被買収企業の価値観の理解

　ソニーとコニカミノルタの事例に見られたように，製品・事業開発でのシナジーを創出していくためには，被買収企業についての理解を深めることが大事だ。

　開発プロセス，それぞれの考え方，言葉の定義をあわせるのみならず，事業

の背後にある価値観，実現したいと思っていることなどを理解していく必要がある。

そのためには，被買収企業の懐に入っていくという姿勢が必要だろう。ソニーはコニカミノルタの一眼レフカメラの事業買収をした際，コニカミノルタの本拠地である大阪に自らオフィスを構え，その理解を早めた。この過程が後のソニーの一眼レフ事業の躍進の基盤となっている。最初の段階で，被買収企業の考え方，大事にしていることについて，時間をかけて理解していくことが，その後の統合プロセスを円滑に推進するうえでいかに大切であるか，ソニーの事例は多くのことを物語っている。

相手の懐に入り，被買収企業のビジネスモデル，技術，事業に対する考え方，プロセス，言葉の定義などを丁寧に理解するためには，それらの背景となる考え方を含めて議論を十分に重ねていくことが大事だ。

そうすることで，事業におけるオペレーションの具体的把握，例えば，販売，マーケティングの仕方，さらには部品の持ち方，販売後のサービスに至るまで，両社の企業文化の違い，具体的なオペレーションとの違いまでを納得することができる。

2 被買収企業の開発プロセスの理解と支援内容の明確化

買収企業からどのような支援ができるのか，その内容を明確にすることが必要だ。

自社の既存製品・事業領域を買収する場合と，ビジネスモデルが異なる会社の買収，もしくは自社にはない事業，製品を買収する場合とでは，統合の幅，深さは大きく異なる。

既存製品の領域で買収をするのであれば，開発プロセスをより踏み込んで統合していくことが求められるだろう。それに対して，新規領域での買収であれば，被買収企業の開発プロセスを理解し，学ぶことから始めなければならない。そのためにはまず，製品・事業開発における統合の方針を明確にし，被買収企業のビジネスモデルを理解したうえで，買収企業から，どのような支援ができ

るのかを明確にしなければならない。そして，どのような製品・事業のコンセプトとするのか，それに伴い，被買収企業で足りないものは何であり，買収企業から貢献できるものには何があるかを明確にすることが重要である。この際，被買収企業と目指すべきビジネスモデル，実現すべき製品・事業のコンセプトについて徹底的に議論したうえで，被買収企業からの要望を受けた形で，買収企業が支援できる内容を明確化できることが望ましい。

　例えば，ソニーの事例では，コニカミノルタが持つ光学技術にソニーが持つエレクトロニクス技術を組み合わせることにより，αシリーズにおいてミラーレス一眼レフカメラが成功を収めることができた。その際，キヤノンやニコンに対抗し，差別化するためには，コニカミノルタが有する光学技術だけでは難しいと，ソニーおよびコニカミノルタの両社が納得感をもって判断したことが大きなポイントになったといえる。こうして，両社の技術者が納得するまで，議論を尽くし，コニカミノルタ出身の技術者からも積極的にソニーのエレクトロニクス技術を活用したいと要望が出てきたことが，両社の技術シナジーを創出するうえでの重要な基盤となっている。

3　開発チームの組成

　製品・事業開発における統合について，両社がシナジーを創出していくためには，お互いの開発に対する考え方，価値観をあわせていくと同時に，被買収企業のリソースを把握し，製品開発，事業開発における人材交流，育成を進めていくことが大事だ。

　その際には，被買収企業の開発に関する考え方のみならず，強み，補完が必要となる領域まで理解することが求められる。

　例えば，コクヨはカムリン（インド）を買収した際，カムリンが持つブランド力，流通力を活かしながら，コクヨグループが得意とするノートなどの紙製品・ファイル・文具製品，また多くの高付加価値商品を生み出してきた開発力・デザイン力・製造技術などのノウハウを投入している。そうすることで，コクヨは，カムリンを強力に補完し，高い成長を遂げているインド・ステー

ショナリー市場で事業を拡大している。カムリンは、ペンやクレヨンのように「書く」文具が強く、コクヨはキャンパスノートなどの「書かれる文具」に優位性を持つ。こうした特性を活かし、製品としての補完関係のみならず、コクヨは、自らが持つ製品の開発力、デザイン力、製造技術などをフルに活かし、「書かれる文具」のみならず、「書く文具」についての開発力を強化したわけである。これを推進するため、開発人材の交流を行い、両社の開発リソースがチームとなって製品開発を推進していることが、コクヨの製品開発のケースで特筆されるポイントである。

このように、開発における統合を進めていくためには、開発人材の交流を行うことで、開発チームの組成を行い、お互いの人材育成を進めることが必要だ。

買収企業にとって、新しい製品・事業領域での買収を行う場合は、買収企業の人材が交流を通じて、育成される立場となるだろう。既存の製品・事業領域で新興国における開発力を獲得するために行った買収であれば、開発チームを構築し、開発人材の交流を進めていくことにより、被買収企業の人材を育成しなければならない。

シナジー（相乗効果）を持った開発を推進していくためには、コクヨのケースや、ソニーとコニカミノルタのカメラ開発に見られるように、確固たるチームを組成し、お互いの技術の強みを活かし、お互いの技術の強みを尊重しながら、開発を進められる信頼関係を築いていくことが不可欠である。

4　開発プロジェクト管理における報告体系の徹底

合併後に製品・事業開発を推進する際には、例えば、被買収企業の社長にレポートラインをまとめ、各開発プロジェクトは被買収企業の社長を経由して落とし込んでいく形が考えられる。また、買収企業と被買収企業間で開発チームを組成し、各開発テーマに対して買収企業側で、開発プロセスの管理を行ってく方法もある。

そこで、必要となるのは、レポートラインを定めたら、指揮命令系統はそこを必ず経由して行うことである。

ところが，多くの日本企業において，買収後，日本から開発部門の人員が多く訪問し，製品開発において，さまざまなサポートを行おうとした結果，レポートラインがどこであるのか，誰が事業・製品開発における責任を持っているのかがあいまいになり，被買収企業が混乱に陥ることもある。

また，被買収企業の業績が悪化するなど，PMIがうまくいかなくなると，買収企業の経営陣の危機感が高まることから，買収企業側のさまざまな人々が関与することとなり，その結果，被買収企業が混乱してしまうことが起きやすい。

こうしたことを避けるためには，レポートラインを一度定めたら，プロセスの管理，指揮命令系統については，必ず，そこを経由した形で徹底することが必要だ。

日本企業は，多くの企業買収を実施してきたが，製品・事業開発においては，買収企業，被買収企業がシナジーを創出していく際に，多くの困難を経験することが多かった。しかしながら，製品・事業開発を通じて実現したいゴール，開発に関するプロセスなどをしっかりと理解していくことで，開発におけるシナジーは創出することができるはずである。

日本企業にとって，M&Aは成長のためには不可欠な手段である。M&Aを成功に導くためには，PMIの重要性はますます高まっている。買収企業にとって，既存の事業のみならず，新規の製品・事業開発であっても，お互いが同じゴールを共有していくことで，買収企業が支援できることを明確にし，PMIを着実に成功に導くことが可能である。

第8章

人材・組織統合とガバナンス

1 人材・組織統合とガバナンスにおける問題点

　日本企業のM&A，そして買収後のPMIにおいて，人材・組織統合はPMIにおけるガバナンスを確立していくうえで，最も重要な問題だ。なぜならば，被買収企業に対する企業統治を進めることは，法令遵守などのコンプライアンス，戦略統合と着実な実行などすべてにおいて基盤となるからである。さらに，それらを実行する基盤として，人材基盤の強化と組織統合がある。合併のシナジーを創出し，買収目的，シナジー創出シナリオを実現するためには，人材，そして組織が有効に機能することが重要なのは言うまでもない。とりわけ，PMIという重要なプロセスにおいて，重要な役割を任せられる人材が存在するかがその成功を左右する大切なポイントである。

　ここでは，人材・組織統合とガバナンスにおける問題点として，次の4点について述べる。

1　組織風土や文化の理解が不十分
2　不明確な意思決定プロセス
3　戦略における納得感不足
4　重要人材の流出

1　組織風土や文化の理解が不十分

　異なる組織風土や文化をあわせていくためには，両社の社員間における組織・階層レベルでのコミュニケーションプランなどが必要となるが，被買収企業への遠慮のあまり，踏み込んだ企業風土や文化融合ができているケースは非常に少ない。特に海外企業を買収する場合，言語や文化が異なることもあり，なおさら難しい。異なる技術領域，事業領域を買収する場合，既存事業の販売チャネル買収と比較し，文化統合の難しさは一層増す。

　しかしながら，被買収企業の組織風土や文化を理解し，それにあわせた

PMIの対応をすることは必要となるが，これが十分ではないことが多い。

2　不明確な意思決定プロセス

　買収，PMIの過程で，さまざまな意思決定を進めることが必要となるが，意思決定プロセスが明確になっていないため，被買収企業が躊躇することがある。事業を進めていく段階で，さまざまな意思決定事項が発生するが，PMIを担当する買収企業の担当者が意思決定を行える範囲は限定的であり，意思決定が持ち越されることが多い。こうしたことから，被買収企業からみると，意思決定プロセスが見えないことがある。そのため，被買収企業が意思決定を迅速に進めるため，買収企業の判断を仰ぎ意思決定しなければいけないような事項について，買収企業から見えないところで，自ら意思決定してしまうなどの問題が生じることがある。こうした状態は，被買収企業，買収企業間の不信感を醸成し，PMIにおいて，大きな障害をもたらすことがある。事業の意思決定スピードをあげるためには，被買収企業に対して，ある程度の権限を委譲することにより，事業における意思決定スピードをあげていくことも求められるが，責任と権限の範囲を明確にしきれず，被買収企業が混乱してしまうことがある。

3　戦略における納得感不足

　買収の過程における戦略統合が十分に行われていないと，戦略における納得感不足から，予算目標はあるが，戦略不在という状況になることがある。こうした場合，戦略の推進におけるガバナンスを保つことは難しい。我々が実施したPMIのプロジェクトにおいて，被買収企業の経営陣にインタビューをすると，多くの場合において，予算の共有はされているが戦略の共有はされたことがないという意見が多かった。日本企業は，中期経営計画を説明したことにより，戦略を共有したという意識を持っているが，被買収企業からは，単に予算目標を説明されたとしか解釈されていない場合が多い。その結果，戦略の推進状況が見えず，市場環境の変化への対応，状況変化にあわせた戦略の推進が難しく

なる。

4　重要人材の流出

買収後，文化的に異なる組織が急激に統合することによって，組織・人材評価が十分にできずに，組織内に影響力を持つ重要な人材の流出とそれに伴う連鎖的人材流出が起きるケースがよくある。人材維持のため，リテンションボーナス（買収後一定期間継続勤務後に支給されるボーナス）の設定を行ったとしても，新しく融合される組織で働く意義を見出せなければ，優秀な人材は去ってしまう。

日本企業においては，買収後，それぞれの部門にどのような優秀な人材がいるか，見出すことができず，人材維持をするために十分な対応ができないまま，優秀な人材が流出する，もしくは，こうした人材を見出していたとしても，価値観の共有，同じ目的意識を醸成することができず，優秀な人材が去ってしまうことがある。

こうした難しさから，日本企業が買収，PMIにおいて，人材の可視化，維持，さらには理念や共通価値観の醸成において，成功しているケースは極めて少ないのが現状である。

日本企業が成長していくためには，M&Aは欠かせない手段であり，特に成長する海外市場でのPMIにおいて，強固なガバナンスを構築することが求められている。そのためにも，人材基盤・組織統合は重要であり，それを実現していくための問題解決の方向性，事例，課題解決の要諦について，以下述べていくこととする。

②　問題解決の方向性

PMIにおいて，人材・組織，ガバナンスの統合は，成功させるための礎になる。ガバナンスの統合としては，次の5点が必要だ。

> 1 責任権限の明確化
> 2 徹底した"見える化"(透明性の確保)
> 3 主体性・当事者意識の向上
> 4 価値観の共有
> 5 重要人材の可視化と育成の仕組みへの落とし込み

1 責任権限の明確化

　買収後,ガバナンスを強くしていくためには,被買収企業との間で,責任権限の明確化を進めなければならない。事業,投資などについて,被買収企業がどのような責任を持ち,同時にどのような権限を持っているのかを明確にしなければならない。日本企業は責任権限を不明確にしたまま,仕事を進めることが多い。お互いが阿吽の呼吸で理解できる日本人同士とは異なり,考え方のバックグラウンドも異なる企業を買収し,さらに海外企業ともなれば,責任と権限を不明確にしたままでは,ガバナンスを確立することはできないだろう。

2 徹底した"見える化"(透明性の確保)

　ガバナンスを強化するうえでは,透明性の確保が大事だ。例えば業績管理の指標について,KGI(Key Goal Indicator:重要目標達成指標)を定めるのみならず,KPI(Key Performance Indicator:重要業績評価指標)を設定することにより,財務目標値が未達成の場合でも,一体何が悪く,未達成であったのかを把握できるようにするなど,透明性の確保が重要になる。
　このような指標は設定することが目的なのではなく,常に戦略の実行状況をお互いに確認しながら,最終的な目標を達成するために,修正すべき領域についての議論を行い,その実行結果を確認しながら,戦略を着実に実行する力を高めることが必要となる。

3　主体性・当事者意識の向上

　ガバナンスを強化していくためには，戦略に対する主体性を持つことが大事である。そのためには，戦略統合において，被買収企業と市場環境についての意識をあわせ，戦略策定を一緒に進めていくことにより，被買収企業が主体性をもって戦略の推進をすることが大事だ。それでないと，被買収企業は，当事者意識のない状態で戦略の推進を行うこととなり，戦略の展開状況を把握することは難しくなる。自らの戦略として主体性をもって取り組むことにより，戦略の実行状況は可視化され，より強くガバナンスをかけることが可能となるだろう。

4　価値観の共有

　ガバナンスにおいて，非常に重要となるのは，その前提としての人材基盤である。そして，人材基盤を強固なものとするために，重要になるのが価値観の共有だろう。お互いが何を目指して事業をしているのか，その理念，共通価値観をしっかりと理解することが必要になる。こうした理念と共通価値観の理解は，単に買収企業が被買収企業に自らの理念，共通価値観を説明するに留まらず，まずは被買収企業がどのような理念と共通価値観を持ち，事業を営んでいるのかを理解するところから始めることが必要だ。

5　重要人材の可視化と育成の仕組みへの落とし込み

　人材基盤を強化していくために，大事なことはどこにどのような優秀な人材がいるのかを把握することである。多くの日本企業は，買収した企業にどのような優秀な人材がいるのか，把握が十分にできてない。被買収企業における重要人材の把握が経営層，もしくはそれに準ずる人材の把握に留まると，実際に業務を推進しているキーマンの把握まで行えない。ガバナンスを強固にし，人材基盤を強化していくためには，中間管理職についても，どのような優秀な人材がいるのかを把握することが大事だ。こうした人材の把握をすることにより，

次にこうした人材をどのように育成するかといった計画を立てることが可能となる。

3 先行事例

　先行事例として，オムロンにおけるガバナンスと人材融合，サントリー食品インターナショナルにおけるガバナンスと人材融合，日立製作所における人材融合，コマツにおける人材融合について述べる。

1　オムロンにおけるガバナンスと人材融合

(1)　オムロンの買収の経緯

　オムロンは，ビジョンである社会的価値の実現を継続していくために，持続的成長を実現しようとしている。同社は重点事業領域であるIAB（インダストリーオートメーションビジネス）カンパニーにおいて，買収による事業強化を手がけている。

　2015年8月，制御機器事業におけるファクトリーオートメーション技術の開発と販売能力強化の一環として，米国のモーション制御機器メーカーである「デルタタウシステムズ社」の株式を100％取得した。そして，2015年9月，ビジョンセンサー技術やロボット制御技術に強みを持つ産業用ロボットメーカーである「アデプトテクノロジー社」を買収した。

　さらに，2017年4月には，産業用カメラメーカーである「センテック株式会社」を買収，2017年8月には産業用コードリーダーのリーディングカンパニーである「マイクロスキャンシステムズ社」を買収した。こうした買収はオムロンのIABカンパニー（制御機器事業）の戦略であるiAutomationを実現するために行っている。オムロンの強みであるPLCなどの制御技術を生かし，さらにそれを強化するため，3つのIを実現しようとしている。つまり，integrated（制御進化），intelligent（知能化），interactive（人と機械の新たなる

協調）からなる iAutomation による製造現場での革新を実現しようとしている。こうした戦略を実現するために，2015年8月から，4社の買収を行ってきた。こうした会社の買収において，オムロンは，統合後に下記のようなプロセスを推進している。

統合後すぐに，理念とガバナンスについての説明を行い，戦略の統合についての議論を行ったうえ，3年をかけた詳細な統合計画を策定している。まず，理念については，オムロンは自社がどのような理念をもとに事業を行っているかという説明を第一に行っている。また，ガバナンスについては，投資の判断基準などを明確に提示することを行っている。

そして，戦略統合を行っている。自社がどのような事業を目指しているのか，詳細に説明するとともに，被買収企業に対してどのようなことを期待しているのか，一緒にどのような戦略を実現したいのかをオムロンと被買収企業でワークショップを開催し，議論し，決定している。戦略については，ともに策定していくスタンスに非常に力を入れている。オムロンが持つ制御技術，買収したデルタタウ，アデプト，センテック，マイクロスキャンシステムズにより，オムロンが唱えている iAutomation を実現していくことについて，お互いに議論を進めながら共同で戦略の策定を行っている。iAutomation を実現するためには，オムロンが持つ制御技術に，買収したデルタタウが持つモーションコントローラ，アデプトが持つロボット技術，センテックが保有する産業用カメラ技術，マイクロスキャンシステムズが持つ産業用コードリーダーを獲得することにより，ものづくり現場を革新する，それぞれの企業と議論をし，お互いが納得した戦略を描いている。

オムロンが買収において，大変力を入れているのは理念の浸透である。買収したDAY1の段階から，理念の説明を行い，その後統合を進める段階で，理念の浸透を徹底している。オムロンには TOGA（THE OMRON GLOBAL AWARDS）という理念の浸透活動があるが，買収，統合した会社の従業員も積極的に参加している。例えばデルタタウは，TOGA へ参画しており，オムロンが IAB で定義している社会的課題の解決をデルタタウが保有するモー

ションコントロールの技術で解決することについて，実践状況と成果を発表し，理念の実践を行っている。こうした活動は，ほかの被買収企業に対して理念の浸透を促進することになっている。

(2) TOGA (THE OMRON GLOBAL AWARDS)

オムロンは2012年にTOGAを開始し，企業理念に基づくテーマを社員のチームが宣言し，チームで取り組む活動を推進している。これにより，チームで協力しながら同社のビジョンである社会的課題の解決，顧客・社会への価値創造について，話し合い，戦略を実行していく力を高める活動となっている。

同社の企業理念，長期ビジョンの根底は，社会的課題の解決であり，同社の戦略は同社のセンシング＆コントロールの技術を活かし，生産現場のFA (Factory Automation) 機器，顧客の商品に掲載される電子部品やモジュール，交通信号や駅関連の自動化などの社会インフラ事業，健康機器の体温計や血圧計といった消費者向け商品などにより，社会的課題を解決することにある。

そのため，TOGAでは，グローバルに各事業部門，コーポレート部門の社員がチームを編成し，ビジョンの実現のためにテーマを自ら選定し，事業活動，戦略を実行し，社員同士がその活動を通じて，共に育成し高めあっている。

TOGAには大きく3つの特徴がある。その特徴は，①プロセス重視，②評価内容，③表出と共鳴にある。

① プロセス重視

TOGAでは結果もさることながら，その結果を出すための理念実践のプロセスを重視している。そのため，理念のつながりやチャレンジポイントを宣言し，テーマをエントリーする有言実行型の仕組みを取り入れている。そして，チームで協力しあい，メンバー同士が刺激しあい，シナジー（相乗効果）を発揮していくことを大切にしている。

② 評価内容

　結果・成果だけではなく，達成過程でのチャレンジや企業理念に基づく行動を評価している。

　また，失敗した事例においても果敢にチャレンジしたこと，失敗のなかから学び取ったことを評価する表彰カテゴリーを設けることにより，さまざまな理念実践をたたえあう工夫をしている。

③ 表出と共鳴

　最終のグローバル発表会までに，職場，会社，地域内のさまざまな場面で企業理念の実践事例を発表することで，共有する機会を設けている。模範事例として選ばれたチャレンジ活動は，社内情報サイトなどで共有される。TOGAにより，自らチャレンジし，お互いの取組みを共有し，次の行動に移り，お互いに高めあうことで人材が育成されていく。

　2016年度のTOGAでは世界から5,003件ものエントリーがされ，2017年2月から3月にかけて，エリアごとのプレゼンテーションと選考会を実施し，13の優れたテーマがゴールドテーマとして選出され，5月10日の創業記念日に京都本社において，ゴールドテーマの取組みが発表された。そして，「社会に対してどう価値を生み出していくのか」，「いかに社内外のパートナーと連携していくか」など，理念実践に関する積極的テーマが多く発表され，社員に共感・感動を呼び起こした。このようにTOGAは数多くの社員が企業理念を実践するストーリーを，戦略実行を通じて，共有し，共感を持つことで，一人ひとりが戦略実行力を高める活動となっている。

　すでにTOGAがスタートされて，2019年時点で7年が経過しているが，内容は常に進化し，社員はお互いの取組みを理解し，共有することで，理念の実践，戦略の実行を通じて，社員の育成がなされている。

(3) オムロンの人材育成からの示唆

① ビジョンの実践と戦略の実行を通じて社員お互いが学びあう場と仕組みの構築

　社員の育成において大事なことは，単なる理論研修に終わらず，それが事業戦略の実行において，なされていることだ。しかしながら，通常の日本企業のOJTだけでは，その役割を担えなくなっている。それは，どうしてその戦略が必要なのかの納得感が社員に醸成されないことがあることに加え，社員が共鳴しあい，共に高めあうことに至らないことが多いからだ。社員の育成はともに同じビジョンを持ち，それを戦略において実行していく場において，上司から教えられるのではなく，社員が自ら考え，お互いに刺激しあい，実践により，学び，またチャレンジし，戦略の実行により，社員が育っていくことが最も大事な人材育成である。オムロンはそのように考え，TOGAを継続している。

② 目標達成に必要となるKPIの可視化と実践教育

　ROICを指標として，採り上げている会社は多い。しかしながらオムロンの特徴的なところは，ROICの目標値を実現するために，何を行うべきかを明確にするため，ROIC逆ツリーを策定し，それぞれの従業員の立場で何をすべきかをアンバサダーが伴走しながら教育していることだ。例えば，生産であれば製造コストの低減をすることにより，ROICを高めることができる。営業マンであれば販売価格を上げることにより，ROICを高めることが可能だ。つまりROICを逆ツリーで理解することで，それぞれの立場で何をすべきかを理解することができ，自らが納得した状態で戦略の実行を推進することができ，その結果，人材は育成されることになる。

2 サントリー食品インターナショナルにおけるガバナンスと人材融合

(1) サントリー食品インターナショナルの買収の経緯

　サントリー食品インターナショナルは，ソフトドリンク事業のグローバル化を進めるためにアジアをはじめとして，多くの買収を進めてきた。

　2009年にはフランスの食品大手ダノンからニュージーランドとオーストラリアのエナジードリンクのマーケットリーダーであるフルコアグループの買収を行った。

　2011年には，インドネシアの食品・飲料企業，ガルーダグループとの合弁会社を設立した。

　ペプシコから2013年4月にベトナム，2018年3月にタイの飲料事業を買収している。

　サントリーのアジア事業における統合の特徴は相手先企業との合弁会社の設立である。これは，成長著しい新興国市場において，サントリー単独事業での事業展開はリスクが高く，市場の理解が深くすでに現地にて事業を行っているパートナー企業との合弁を組むことにより，相手先企業の強みを最大限に生かしながら事業展開を行うことを選択しているからである。

　アジア統括会社傘下には，合弁を中心とした飲料事業会社と完全買収している食品事業会社が配置されている。飲料事業には，ベトナムにあるペプシとの合弁会社であるサントリーペプシコベトナムビバレッジ，タイには同じくペプシと合弁会社であるサントリーペプシコビバレッジタイランド，インドネシアにはガルーダとの合弁であるPTサントリーガルーダビバレッジ，がある。健康食品事業として，完全買収したブランズサントリーを配置している。

　それに対して，欧州において2009年11月，フランスのオランジーナ，2013年に英製薬大手グラクソ・スミスクライン（GSK）から買収したルコゼーナとライビーナの飲料事業を買収しているが，欧州においては，100％買収を行い，

両社を欧州統括会社の下に配置し，アジアとは異なる出資比率，買収形態となっている。

本書では，特にサントリーが昨今力を入れているアジア市場において，合弁会社形態を中心にとっているアジアにおける買収のPMIについて述べる。

なぜならば，合弁会社の形態をとっていることは，成長するアジア市場において，市場を良く理解しているパートナー企業と共同経営することが成功の近道であると考えているからであり，サントリーの合弁でのPMIに関する考え方を色濃く映し出しているからだ。

例えば，サントリーは合弁相手企業の理念を理解したうえで，サントリーの経営理念を理解してもらう，お互いを尊重した理念の理解を進めている。そのうえで，合弁会社の理念を策定している。そのなかで，「やってみなはれ，GROWING FOR GOOD」というサントリーの経営理念の理解を醸成し，ともに新しい理念の策定を行っている。その新しい理念には，合弁会社のマジョリティを所有するサントリーの考え方が色濃く踏襲されているが，決してサントリーから押し付ける形をとらない。お互いの理念，歴史を理解し，そして合弁会社の理念を一緒に策定するプロセスを大事にしている。こうした考え方は合弁相手と2社で力をあわせ，新しい力と価値を創出する"POWER OF TWO"と表現され，サントリーのPMIにおける基本的考え方として，根づいている合弁会社もある。

さらに，アジア地域統括会社のトップは，各国のジョイントベンチャーをめぐり，タウンホールミーティングを開催している。そのなかで，サントリーの経営理念，「やってみなはれ」など行動理念についての話を必ず行っている。サントリー食品インターナショナルの小郷CEOも，日本から各国のタウンホールなどに赴き，会社のビジョンや創業精神について自らの言葉で伝えている。

さらに，イントラネットのなかで，サントリーホールディングスの佐治会長，新浪社長のメッセージが発信され，継続的な経営理念の浸透が行われている。サントリーグループで実施している「アンバサダープログラム」では，講義，

視察，ワークショップを通じて，サントリーの創業精神への理解を深めるとともに，サントリーグループの一員としての一体感を醸成する働きかけを行っている。

また，ベストプラクティス共有や人材交流として，各部門が世界から集まり，結束を深めることも行っている。

さらに，アジア地域傘下にあるタイ，ベトナム，インドネシアなど各地の各部門の人材を集め，教育を行っている。これにより，各部門の地域内部，本社との間での人脈が形成されることと，地域統括，また本社が優秀人材を把握することに努めている。

サントリーの合弁会社の経営におけるPMIにおいて，もっとも大事にされている考え方は主権在現場という考え方である。地域統括や本社は現場から遠く，ものごとを意思決定していくには，現場に権限を委譲し，市場の変化にあわせた迅速な意思決定を行えるようにする必要がある。そのため，サントリーでは，本社は地域統括に権限委譲を行い，地域統括は傘下の合弁会社に経営を任せている。しかしながら，それは放任をするのではなく，各国にある合弁会社の人材を教育することにより，現地への権限委譲ができる仕組みを構築している。その教育は，SCMであれば同じKPIを共有し，それぞれの地域のベストプラクティスを共有しながら，お互いの市場環境を共有したうえで，さらにお互いのオペレーションレベルをいかに高めていくかということを常に議論できる関係性を構築している。こうした各合弁会社人材の各コーポレート機能における優秀人材の可視化と育成を行うことにより，現地への権限委譲が進められる仕組みを構築している。

(2) サントリー食品インターナショナルからの示唆

① 理念の統合と浸透

サントリー食品インターナショナルでは，アジアの事業において，合弁会社の設立により，アジアでの事業拡大をしている。その際，統括会社傘下に合弁会社を設置し，合弁会社相手とともに，理念の策定を行っている。そのプロセ

スは決して，サントリー食品インターナショナルから押し付ける形をとらず，お互いの理念，歴史を理解し，ともに策定するプロセスを大事にしている。そして，ワークショップなどを通じて，現地社員への理念の浸透，さらには，サントリーグループの一員としての一体感を醸成する働きかけを実施している。

② 主権在現場によるガバナンス

サントリー食品インターナショナルにおけるガバナンスの特徴として，主権在現場という考え方がある。現場に権限委譲を行い，地域統括は傘下の合弁会社に経営を任せている。そのため，各国にある合弁会社の人材の教育を行い，現場への権限委譲ができる仕組みを構築している。

3 日立製作所における人材融合

日立製作所は，社会イノベーション事業でのグローバル規模での成長を目指し，2015年にはイタリアのフィンメカニカ買収（鉄道の信号，車両部門），2017年4月には英国，ホライゾンニュークリアパワー社による買収（原子力事業），2017年4月には北米のサルエアー買収（空気圧縮），など数多くの買収と統合を行っている。同社は，PMIにおける人材の融合に大変な力を入れている。

日立製作所には人財統括本部内にグローバル戦略アライアンス部という部門があり，この部門がPMIにおける人財可視化とその活用についての基本方針の策定と推進を行っている。

(1) 日立の戦略と人財像，人財マネジメント

日立製作所が目指す姿は，2018年の中期経営計画にあるようにIoT時代におけるイノベーションパートナーである。これは，社会イノベーション事業をグローバルに展開するために，単に製品・システムを顧客に提供する事業から，顧客と一緒に，IoT／AI／ビックデータ等のイノベーションを含んだサービスを国内だけでなく，グローバルな顧客・社会に提供し，顧客・社会の現在および将来の課題を解決する事業に転換しようとしている。つまり，社会イノベー

ション事業において，日立と顧客がパートナーシップを組んで，顧客とともに課題解決をする姿を実現しようとしている。例えば，鉄道事業において，鉄道の老朽化，遅延や事故の発生といった社会的課題に対して，英国においては，英国のAgility Trains社（日立も出資する鉄道車両リース会社）と日立製作所がともに課題解決をしていくことで，高品質・高性能な車両提供，定時運行，安全快適な運行，さらには利用者のQOL向上，経済活性化を実現し，さらなる向上を目指している。これは日立製作所が，Agility Trains社と連携し，英国のIntercity Express Programに対して，27年半の鉄道のサービス事業スキームを提案したことにより実現されている。

　こうしたビジネスモデルの大胆な転換に伴い，日立製作所に求められる人財の姿は大きく変化している。また，人財マネジメントの姿も大きく変わっている。社会イノベーション事業をグローバルに拡大していくためには，日本，世界各国の社会・顧客の近くで現在・将来の課題を探索し，解決策を製品・システムを活用したサービスとして提供しなければならず，国をまたがる事業の推進・プロジェクトの組成を行わなければならない。

　そのために求められる人財・組織体制として，国籍や性別等の区分なく現地マーケット（社会・顧客）を知る人財，国・場所を越えてOne Teamで業務推進できる人財・組織体制，顧客の課題を的確に捉え，解決策を考える人財とその文化を持った組織の構築が求められている。こうしたなか，必要となる人財マネジメントは，日立グループ内外・国籍・年齢など問わず，最適な人財を確保・育成・配置しなければならない。そして，それを実現していくために，日本国内を中心に，かつ個社単位の人財マネジメントから，グローバルに多様な人財が国・地域をまたいでひとつのチームとしての協業を行うため，グループ・グローバル共通の人財マネジメントが必要になっている。

　そしてそれを実現するための基盤として，2011年度にグローバル人財マネジメントを始動し，2012年度にグローバル人財データベース（HCDB）を構築し，25万人の人財情報をデータベース化した。そして，幹部候補である500人のトップタレントをプール化し，育成するグローバルリーダーシップデベロップメン

図表8-1　グループ・グローバル共通人財マネジメント基盤の構築

2012年度	2013年度	2014年度	2015－2018年度
□グローバル人財データベース（HCDB） 25万人の人財情報をデータベース化 □Global Leadership Debelopment（GLD） 500人のトップタレントをプール・育成	□グローバルグレード（HGG） マネージャー以上5万ポジションを格付け □Hitachi Insights（Employee Survey） 全世界702社が参加 17.3万人が回答	□グローバルパフォーマンスマネジメント（GPM） 11.2万人導入（順次導入拡大） HGGとGPMの連携を順次拡大	□Hitachi University（LMS） 34.4万人に新ラーニングシステムを導入 □新人財情報システム（Workday） □21社，3千人がパイロットに参加，日本は2017年度に順次導入開始

（出所）　日立製作所提供資料

ト（GLD）を開始した。

　さらに，2013年度にグローバル・グレード（HGG）を構築し，マネージャー以上の5万のポジションの格付けを行った。そして，2014年度はグローバル・パフォーマンス・マネジメントを導入し，11.2万人に導入し，パフォーマンスに対する評価制度を構築した。そして，2015年から2018年度にかけて，日立ユニバーシティ（LMS）による従業員教育，さらに，新人財情報システムとしてWorkdayを導入，グループ企業21社，3,000人でのパイロットを開始した後，日本では，2017年度から導入が開始され，グループ・グローバル共通人財マネジメント基盤を構築した。

　そして，2016年4月から，大胆な組織再編を行い，全社組織を，①フロントBU，②プラットフォーム組織，③製品事業部門と束ね直した。①は，顧客の業種セグメントごとに12のビジネスユニットに束ね直し，②は，日立のIoTプラットフォームであるLumadaによるデータ解析を行うプラットフォーム組織，③は，産業機械，自動車部品，材料などの製品を提供する事業部門である。これにより，製品別カンパニー制度からマーケット別ビジネスユニット制に再編することで，日立の技術・ノウハウをフロントがまとめてサービスとして提供を行える体制にしている。

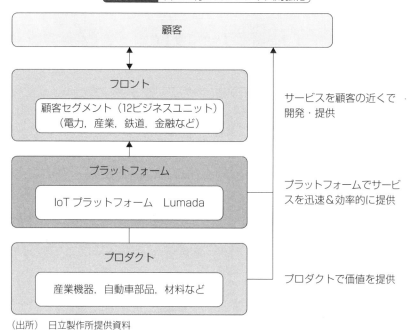

図表8-2 日立の行ったフロント人財強化

(出所) 日立製作所提供資料

　こうした大胆な組織再編において，日立は，フロント人財を3年で2万人増強しようとしている。顧客とともに課題解決していくためには，フロント人財の増強と強化が必要となっており，国内で3,000人，さらには海外で17,000人の人財の雇用拡大，さらにはM&Aで獲得した海外会社の人財を可視化，育成することで社会イノベーション事業の展開を行おうとしている。

(2) 日立製作所におけるPMIのガイドライン

　日立製作所では，人財統括本部のグローバル戦略アライアンス部を中心にPMIにおける人財融合のためのガイドライン「日立HR PMIガイドライン」の策定を行っている。これは，グループにおける人財部門のクロスボーダーM&A対応力を強化，さらには買収先への日立グローバルHRイニシアティブ

の早期展開と定着によるグループ全体でのグローバルな適所適材の配置と活用を実現するためのものである。

「日立 HR PMI ガイドライン」の基本的な考え方は，①経営ガバナンスの確立，②シナジーの早期実現，③経営グローバル化で構成されている。

①　経営ガバナンスの確立

経営ガバナンスの確立として，責任・権限の明確化，任免権・評価権・報酬決定権の確立，組織・人財の可視化を進めている。

本社は，買収した事業においても，本社の事業戦略に基づき，買収した事業の経営幹部層のタレントマネジメントと報酬マネジメントが適切に実施されていることを，本社として担保することに重きを置いている。また，それぞれのガバナンスの主体として，取締役会の指名機能・報酬決定機能が位置づけられている。

②　シナジーの早期実現

シナジーの早期実現として，日立グループ・グローバルプラットフォームの活用を推進，組織・オペレーションの段階的統合を進めている。

例えば，日立がグローバルで展開しているタレントマネジメントとリーダー開発の仕組みとしての Global Leadership Development Program (GLDP) を活用し，重要ポジションを特定し，キータレントを含む後継者候補（人財プール）の明確化，登用・育成計画の推進を行っている。これにより，買収後，日立グループに相応しいリーダー・マネージャーを育成し，戦略に基づく経営体制を構築する仕組みづくりを推進している。

また，Global Performance Management (GPM) により，事業戦略・事業計画と個人の行動を連動させることで，組織と個人の継続的な成長を実現しようとしている。そして，人財マネジメント基盤のさらなる強化を推進しており，PMI において，買収した会社の人財の可視化のため，人財情報システムの統合計画の準備を行い，可能な限り，日立の推進する人財マネジメント統合プ

ラットフォーム，Workday を導入し，人財の可視化を推進しようとしている。また，さらに日立グローバルグレードの導入により，格付けの共通化を推進している。例えば，経営幹部ポジションであれば，Day 1 までに日立グローバルグレード（HGG）における格付けを完了するようガイドしている。

③ 経営グローバル化

　日立製作所は買収した会社に対して自らのグローバルな仕組みを導入していくことにより，経営のグローバル化を進めている。これは自らの仕組みを導入するのみならず，相手側に優れた仕組みがすでに存在する場合は，それを積極的に導入するといった柔軟性ももち，展開している。例えば，2015年10月に米国ジョンソンコントロールズと日立製作所がグローバルで空調合弁会社を設立しているが，その際はすでにジョンソンコントロールズが保有している人事の仕組みを導入し，経営のグローバル化を一気に進めることに成功している。

(3) 理念の統合

　日立製作所では，PMI において，その理念の統合を積極的に推進している。
　例えば，2017年4月に実施した北米のサルエア買収（空気圧縮機）においては，買収後，日立製作所副社長でありインダストリアルプロダクトビジネスユニット CEO，ならびに日立産機システム取締役会長である青木優和氏がサルエアの経営層を集め，和・誠・開拓者精神という日立製作所の理念を説明し，サルエア幹部社員と，日立製作所グループとして，どのように事業を成功させていくかを議論している。
　青木氏は三現主義の実践を PMI のモットーに，買収後1年間で，サルエア社の CEO の来日に加え，青木氏が何度も渡米し，面談を重ねることで信頼関係を積み重ねた。
　そして，サルエアとのステアリングコミッティを毎月開催し，青木氏自らが出席をし，PMI の進捗を月に一度のペースで確認をしていった。
　意欲・適性がある PMO を日立グループから集め，現地に派遣したことも成

功の一因である。

さらに，青木氏はサルエア幹部社員とのダイレクトコミュニケーションを重んじ，買収後，1年間で，10度の海外出張，延べ約40日間の幹部社員とのダイレクトコミュニケーションを実施している。具体的には，タウンホールミーティングを米国，オーストラリアなどのサルエアの拠点で実施し，アメリカ，中国では青木氏自らがサルエアの販売会議にも出席をすることで，販売現場で何が起きているかを現地現物で把握すると同時に幹部社員との信頼関係を深めていくなど，ダイレクトコミュニケーションに時間を惜しまない姿勢を継続している。

(4) 日立製作所からの示唆

① 経営者の強いコミットメント

北米におけるサルエアの買収における青木氏の強いコミットメントに見られるように，日立製作所は，PMIにおいて，トップ自らが強いコミットメントをもって取り組んでいる。サルエアの経営層を集め，理念の説明，毎月のステアリングコミッティにおけるPMI進捗に関する議論を進めることで，日立製作所グループとして，どのように事業を成功させるのかをトップ自らがハンズオンで議論し，推進することで，強いガバナンスの構築と，経営層を中心とした人財融合を進めている。

② PMIプロセスにおける人材明文化

日立製作所は，PMIにおける人財融合のためのガイドライン，日立HRガイドラインを策定し，人財部門のクロスボーダーM&A対応力の強化，買収先への日立グローバルHRイニシアティブの早期展開と定着により，グループの戦略実行力を高めるために，必要となる人財の適所適材の配置と活用の実現を着実に進めている。このようにPMIを明確なガイドラインにまで落とし込めている事例は少ない。日立はPMIにおける強固なガバナンス，フロントSBUを中心としたソリューション型事業へとビジネスモデルを転換していくために，

人財の適所適材の配置と活用が喫緊の課題であると考えた。そのため，それを実現するために必要となる人財融合のプロセスを明文化し，人財の可視化，育成，そして，最適な配置を実施している。

4 コマツにおける人材融合

(1) モジュラーマイニング買収の経緯

建設機械大手であるコマツは，1996年，米国アリゾナ州ツーソンに本拠地を置く鉱山向けソリューションプロバイダーであるモジュラーマイニングを買収した。モジュラーマイニングは鉱山オペレーション管理システムの開発，製造，販売，サービスを行っており，鉱山におけるフリート管理技術のパイオニア企業である。同社のDispatchと呼ばれるフリート管理システムは，世界160以上の鉱山で使用されている。

コマツは同社を買収することにより，無人ダンプ運行管理システム（AHS：Autonomous Haulage System）の商品化を加速することができた。

コマツは，当初，ベンチャー気質のモジュラーマイニングの良さ，企業文化を尊重し，あまり価値観の浸透は行ってこなかった。しかしながら，2005年9月から第一次経営構造改革の一環として，コマツの強みを再定義し，明文化したコマツウェイを2006年8月に制定し，他のコマツ海外法人と同様に，モジュラーマイニングに対しても，コマツウェイの浸透による価値観の浸透が進められた。

具体的には2007年から，他のコマツ海外法人と同様に，モジュラーマイニングの幹部社員を日本に呼び，コマツウェイ等についての教育を行った。当初は，価値観の違いから，参加したコマツ海外法人の幹部社員からは，日本との価値観や文化の違いに基づくさまざまな率直な声が出た。しかし，そのような努力をコマツ本社が行っている中，当時，モジュラーマイニングに派遣されていた日本人幹部が，コマツウェイのモノづくり7項目，"なぜを5回繰り返す"などコマツが大事にする価値観をモジュラーマイニングの本社のみならず，世界

10カ国に及ぶ同社の各拠点を回り，説明をして歩いていた。そのなかで，"現場"，"現実"，"現物"，"5S" などの日本語とともに，その本質的な意味合いを，説明をして歩いていったことで徐々に状況は変化していった。そして，繰り返し，同じ言葉とその本質的意味合いを説明して歩いていくことで，徐々にその言葉の意味合いがモジュラーマイニングの人材にも受け入れられていった。

　同年（2007年），コマツは，コマツウェイの一環として，ブランドマネジメントという商品視点から顧客視点への転換を図る活動を開始した。

　ブランドマネジメント活動とは，コマツが顧客にとってなくてはならない度合いを高め，その結果として，顧客からパートナーとして選ばれ続ける存在になることを目標として，行っている活動である。

　また，2008年にコマツとモジュラーマイニングは協業して，無人ダンプ運行管理システム（AHS：Autonomous Haulage System）の市場導入を開始。その後，2012年よりコマツは，元来ソリューションプロバイダーとして顧客視点の文化を持っていたモジュラーマイニングと鉱山事業でのCI（鉱山顧客の継続的改善を支援する）活動に注力し，ソリューション協業を開始した。

　2013年には，コマツは中期経営計画，「Together We Innovate GEMBA Worldwide」の展開を標榜し，顧客価値に基づくビジネスを成長戦略の中枢に据えた。これに呼応するように，モジュラーマイニングはマーケットにおける自らの強みをValue In Use（製品サービスを的確に活用してもらえるように顧客を支援することによって価値を提供する）活動として展開し，コマツとの顧客視点での協業活動を強化していった。

　こうした過程を経て，モジュラーマイニングの幹部からは，コマツとモジュラーマイニングの本質的価値観は同じであるという声が聞かれるようになり，自らがコマツウェイの伝道師になっていく幹部が増えていった。

　モジュラーマイニングには多様な言語を話す従業員が働いている。その数は，29カ国語にも及んでいる。さまざまなバックグラウンドを持つ社員に浸透させていくために，コマツはコマツウェイの本質を伝えることに努める一方で，モジュラーマイニングの多様性のある企業文化を尊重し，その解釈と伝道の仕方

については現地幹部に任せる方針を採っている。これが，現地社員にとっては，本質の理解につながることになり，コマツウェイを通じた価値観の融合につながっている。

　コマツは1996年に買収したモジュラーマイニングのベンチャー企業としての気質を尊重しつつ，その価値観の統合に時間をかけて取り組んだ。その結果，モジュラーマイニングの幹部からは，コマツとの統合ができたことを喜ぶ声があがっている。こうしたコマツの事例からは，価値観の統合は急がず，自社の価値観を明文化し，繰り返し伝えることで，その本質の理解を促すことが大事であることがわかる。さらに，被買収企業における価値観の伝え方については，相手の自主性を尊重することが大事であることがわかる。

(2) コマツからの示唆 ── コマツウェイによる価値観の融合

　コマツはブランドマネジメント活動を通じて，商品視点から顧客視点への転換を図り，顧客からパートナーとして選ばれ続ける存在になると目標を設定し，活動を推進している。こうした活動は，モジュラーマイニングと共同で，鉱山事業でのCI（鉱山顧客の継続的改善を支援する）活動を開始し，ソリューション事業において協業を進めることで，お互いの価値観の共通性を見出すことにより，価値観の融合を進めていった。そして，29カ国語にも及んでいるさまざまなバックグラウンドを持つ社員に浸透させていくために，コマツウェイの本質を伝え，かつ自発的な浸透活動につながるように，その解釈と伝道の仕方については，現地幹部に任せる方針をとっている。これは，単に形式的な伝達に終わるのではなく，コマツウェイの本質の理解とそれを通じた価値観の融合を実現するため，被買収企業の自主性を尊重し，浸透を進めることが大事であることがわかる。

4　課題解決の要諦

　課題解決の要諦として，PMIを成功させていくために，ガバナンスの強化，

さらにはそれを実現するための人材基盤，組織統合を進めるために，事例からの示唆も鑑み，特に重要と思われる5つのポイントを述べたいと思う。

1　経営者のコミットメント
2　被買収企業の企業文化を鑑みた PMI の設計
3　理念の統合
4　事業を通じた理念の実践と共有の場づくり
5　目標設定と実行状況の可視化

1　経営者のコミットメント

PMI において，ガバナンス，人材基盤を確立していくためには，経営者自らがコミットメントを持って取り組む必要があるだろう。日立製作所の事例に見られるように，青木氏が自らコミットメントを持って，取り組んでいることが PMI を成功させている大きな要因となっている。青木副社長は，三現主義の実践を PMI のモットーに，サルエアとのステアリングコミッティを毎月開催し，自らが出席することで，月に一度のペースで進捗の確認をした。こうしたことが PMI の透明性を格段に高めていることはいうまでもない。

トップ自らのこうした取組みが，経営理念や共通価値観の浸透を推進し，戦略実行力を高めることにつながる。

2　被買収企業の企業文化を鑑みた PMI の設計

企業には，それぞれ異なる組織文化がある。リーダーシップについて言えば，独裁的なリーダーシップなのか，民主的に合議を行うのかでは，大きく異なる。独裁的リーダーシップの企業を買収した場合，いきなり民主的に協議をして，意思決定するプロセスを導入しても，指示待ち社員が多いため，意思決定が進まないことも多い。

また，環境の変化に対して，積極的にリスクを取る組織もあれば，リスクを取りたがらない組織もある。これは，戦略を納得させる際に大きな影響がある。

4 課題解決の要諦　189

　そして，チームワークについては，公式な組織，役割分担でチームワークをするか，非公式な人間関係でチームワークをするかを理解しないと，チームでのプロジェクトの推進が進まないことがある。こうした企業文化をよく理解したうえで，PMIを設計することが求められる。オーナー系企業を買収した場合，多くは独裁的なリーダーシップを持っているため，日本企業が得意とする現場の強みを活かした意思決定を行うことができないことが多い。

　パナソニックライフソリューションズ社がインドにおいてアンカー社を買収した際，家族的経営から組織経営への転換を図ることに努めている。アンカー社の経営陣，幹部クラスの人材を日本に受け入れることにより，日本の組織，体制，経営についての教育を施した。

　そして，これまで明文化されていなかった，アンカー社が持っている仕組み，企業文化の明文化を行っていった。そして，パナソニックライフソリューションズ社の有する経営ノウハウを注入して，アンカー社のオーナーファミリー色を徐々に薄くした。近代的なミドルマネジメント中心の経営組織に変えていくことで，アンカー社をより収益力のある会社に変えることを狙った。

図表8-3　企業文化の要素と統合における影響

企業文化の要素	統合における影響
リーダーシップ	・独裁的なリーダーシップ，民主的に合議するか，そのスタイルが変わると，馴染めず，離反する人材がでる ・独裁的リーダーシップから民主的リーダーシップに変わると指示待ち中間管理職が多いため，中間管理職が機能しない
意思決定スタイル	・トップダウンの意思決定か，合意形成型かにより，意思決定プロセスが異なる ・意思決定の遅延，合意形成に影響を与える
環境対応力	・リスクを取るか，現状維持を志向するか ・新しい戦略を馴染ませ，納得させることへの影響
チームワーク	・公式な組織，役割分担でチームワークするか，非公式な人間関係でチームワークするか ・チームワークの進め方の違いを理解しないと，チームでのプロジェクトなどの推進が進まない

サントリー食品インターナショナルにおいても，ジョイントベンチャーの合弁相手の企業文化，理念，歴史を理解し，PMI を設計している。

このように，被買収企業の企業文化を理解し，それにあわせた PMI の進め方を設計することが必要となる。

3 理念の統合

日立製作所の事例で述べたように，サルエア買収において，トップ自ら，理念の説明，統合を進めている。

また，コマツにおいてもコマツウェイの解釈は，被買収企業であるモジュラーマイニングの経営陣に任せ，その自発的浸透を行うことに重きを置いている。

サントリー食品インターナショナルにおいても，合弁会社において，新しい理念を構築していくことにより，押し付けられる理念の統合ではなく，ともに新しく理念を創りあげることにより，お互いの歴史，理念の理解に基づいた統合を推進している。また，サントリー食品インターナショナルは，合弁会社設立により，お互いの理念，歴史を理解し，理念をともに策定するプロセスを大事にしている。

4 事業を通じた理念の実践と共有の場づくり

人材基盤を強化していくためには，理念，共通価値観などを共有することが大事であるが，その理解を深めていくためには，実践の場をつくることが必要である。それは単なる理論研修に終わらず，事業戦略の実行において，理念の実践が伴わなければならない。オムロンはこうした活動を PMI においても推進している。TOGA は買収した海外の企業も参画しており，事業を通して，理念の実践を行っている。オムロンは理念を具体的に実践し，事業を通じて実現することに重きを置き，各事業が事業を通じてどのような社会的課題を解決していくのかを定めている。そして，このような活動を通じて，理念の実践状況を共有し，ともにその理解を高めあう場として TOGA での共有，お互いの

啓蒙を推進している。こうした活動はオムロンの戦略実行力をより一層高めていると思われる。

5　目標設定と実行状況の可視化

　ガバナンスを強化するためには，可視化を行うことが必要である。オムロンが実施しているように，ROICを最終的な目標値としつつも，ROIC逆ツリーを策定し，それぞれの従業員の立場で何をすべきかをROICアンバサダーが伴走しながら，教育している。このように最終的な目標から，それを実現するための指標を逆ツリーで示すことにより，最終的な目標を実現するために何を行うべきなのかを可視化することは，戦略実行状況の確認と，実現のために，何を重点的に実施していくべきなのかを明確に示すことができる。

　PMIにおいて大事なことは，戦略の実行状況の可視化をし，適切な処置をとることである。そのためには，KGIを定めるのみならず，それとKPIとの関連性の可視化をし，目標達成に対して，具体的に必要となる対策がとれるようにしなければならない。KPIを定めていくことにより，目標設定についての実行状況の可視化が行われ，着実に達成するために必要となる重点的な施策がとれるようになる。これはPMIで重要となる戦略におけるガバナンスを一層高めることとなる。

　日本企業がM&A，PMIを通じて，企業統合を着実に行うためには，人材基盤の強化，組織融合を通じて，ガバナンスを強化していかなければならない。そのためには，経営トップ自らがハンズオンで取り組むとともに，被買収企業の主体性を重んじ，お互いの理念，価値観の融合を進めながら，人材の可視化，融合を進め，理念の実践をともに推進できる態勢をつくっていくことが求められる。

第9章

新興国 PMI

1 なぜ，新興国 PMI なのか
── 重要性が高まる ASEAN 地域，インドの市場

　新興国のなかでも日本にとって，足元である ASEAN 地域とインド市場は，日本にとって特に重要な市場である。中国市場は外資排除の傾向があること，米中貿易摩擦など新たなるリスクに直面している。対して，ASEAN 地域の各国は比較的対日感情が良い。前述のようにインドやインドネシアは人口が多く，なかでも若年層が厚い。日本からの距離も近く魅力的な市場である。

　インドは安定した経済成長を果たしてきている。インドの生産年齢人口は増大を続けているのに対して，世界の工場といわれてきた中国は，高齢化により生産年齢人口が減少している。2030年にインドは中国を追い抜き，世界最大の生産年齢人口を持つと予想される。また，GDP（国内総生産）も安定した成長を続けている。

　これまで，先進国が中心であった M&A は，現在では，新興国で増える傾向にある。具体的には，かつては，北米・欧州の M&A の案件数が多かったが，現在は東南アジアや BRICS（ブラジル，ロシア，インド，中国，南アフリカ）を中心に増加傾向にある。

　これは M&A 戦略をとる多くの日本企業がアジアを中心とする新興国での成長戦略を描いているからで，自社のリソース（経営資源）による販路開拓・生産進出だけではなく，進出先において事業を先行し，すでにブランド認知がある新興国企業とパートナーシップを組んで M&A を展開している。

　こうした流れは，近年，急速にグローバル化を進めてきた日本の食品・飲料会社に多く見られる。食品・飲料・ビールなどの製造業は，かつては，日本市場だけで成長することができた。しかし，少子化の進行に伴って国内市場は急速に縮小しており，海外市場への進出は，成長戦略を描くうえで必須となっている。その結果，従来は欧米市場で M&A を展開してきた企業の多くが，現在は成長著しい新興国での成長戦略を描いており，こうした市場での M&A

は数多い。

2 新興国 M&A と先進国 M&A の違いと難しさ

先進国で M&A を展開してきた企業であっても、先進国と新興国とでは市場性の違いが大きく、新興国 M&A では先進国のノウハウをそのまま使えないことが多い。先進国と新興国とでは、以下の点が大きく異なる。順に見ていくこととしたい。

```
1  カントリーリスクの大きさ
2  拠点進出の期間の長さによる市場への理解度
3  経営における意思決定プロセスの透明性
4  会計・業務ルールの明確さ
```

1　カントリーリスクの大きさ

先進国 M&A では、進出国の政策変更によって、事業撤退に追い込まれることはない。それに対して新興国の場合、政治情勢の変化によっては撤退を余儀なくされるケースもあり、これは新興国 M&A の最大のリスクである。進出国の政治不安、社会不安、インフレ、制度変更、外資規制、債務不履行、ストライキ、テロ、紛争、内乱、革命などが引き起こすカントリーリスクは先進国よりも格段に高い。

2　拠点進出の期間の長さによる市場への理解度

欧米先進国の場合、電機、精密機械、自動車などの輸出型産業であれば、日本企業は1970年代初頭から進出しており、その期間が長いだけに当該市場を理解している日本人マネジメントは多い。その間に信頼できる現地人マネジメントが育っていることもあって、取引の長い販売会社や原料調達先企業を対象に、現地人マネジメントが中心になって、M&A をするケースも多い。

現地市場と日本本社の戦略とを深く理解した M&A を推進する現地人マネジメントがいれば，M&A，PMI（買収後の統合）ともリスクを低減できる。

これが新興国となると，タイやベトナムなど早くから生産進出しているにもかかわらず，その期間は欧米先進国と比べると短く，拠点を設けずに販売を現地代理店に委託している例も多い。したがって，先進国での事業に比べ，進出国の市場を理解している日本人マネジメントの数も限定される。また，拠点を設けている期間が短いため，信頼できる現地人マネジメントの数も限られ，M&A のリスクも相対的に高まる。

3 経営における意思決定プロセスの透明性

先進国では，経営のガバナンスが確立されているため，経営会議や取締役会議での意思決定の透明性は高い。「家族的経営」のケースはまれで，意思決定のほとんどは合理的なプロセスに則っている。これに対して新興国では，家族的経営で，意思決定は経営者により極めて単独かつ俗人的に下されている企業が多い。したがって，経営会議や取締役会議などの場で，しかるべき合理的なプロセスでの意思決定は少なく，不透明なケースが圧倒的に多い。

4 会計・業務ルールの明確さ

欧米の上場企業の場合，会計処理は国際会計基準に沿っているため，会計の透明性は高い。連結決算についても，提出された財務諸表を疑う必要はない。非上場企業であっても会計処理は一定の会計基準に沿っていることから，M&A でも会計ルールを入れ替えなければならない案件は少ない。

しかしながら新興国の場合，会計ルールはあるものの，現物（在庫・仕掛品）と伝票が一致しない金の動きがある企業も珍しくない。こうした企業を M&A により連結会計対象とするには，国際会計基準に沿った会計処理・決算処理を植えつける必要がある。この点は先進国 M&A と決定的に違う。

会計以外も同様である。先進国企業であれば業務ルールは明文化されており，個人の役割もジョブディスクリプション（職務記述書）で明らかである。しか

し，新興国ではそうした業務ルールやジョブディスクリプション（職務記述書）がない企業も多く，業務をどのようにしているのかの実態把握に半年から1年かかったというケースもある。業務ルールを明確にするところから統合を始めなければならない点は，先進国との大きな違いのひとつである。

こうした状況において，新興国M&A・PMIの難しさを述べると次の点がある。

> (1) 家族的経営で組織的ではない
> (2) 競争力ある価格と品質のバランスが求められるなかでの経営陣の意識統一
> (3) 限られたリソース（経営資源）でのシナジー（相乗効果）創出
> (4) 業務統合の難しさ

(1) 家族的経営で組織的ではない

　新興国の有力なM&A候補企業では，創業者一族がトップマネジメントを独占し，強力なリーダーシップのもとに各種の意思決定を下すことが多い。中小規模の企業であればこのような組織でも機能するが，一定規模以上になると，ミドルマネジメント層への責任と権限の委譲が必要となる。しかし，新興国ではこれが進んでいない企業が多い。そのため，家族的経営体制の限界を感じた創業家が，後継者問題も相まって，外資系企業に自社の売却を打診するという構図でM&Aに至る事例も増えている。

　こうしたM&Aを進めると，すぐに「ミドルマネジメント層が組織として育成されていない」という難しさに直面する。決済権限はすべて創業家に集中しているため，取引が少額でもマネージャークラスでは判断できなかったり，創業家が中心になって重要事項を意思決定してきたため，ミドルマネジメント層の経営への参画意識が低かったりする。

　加えて，家族的経営体制下において求心力を保っている創業家一族を，業務

統合プロセスではどのように位置づけるのかも議論になる。創業家の求心力を利用して，M&Aを進めるのか，それとも創業家を完全に排除するのかは慎重に検討することが必要だ。

こうした新興国ならではの難しさのなかで，まず事業戦略策定の意思決定プロセスから構築していかなければならない。つまり，現状の市場環境，今後起こりうる市場変化，自社のリソース，などから，顧客にどのような価値を提供することで，競合と差別化していくのかを，経営陣が議論し，戦略を策定していくためのプロセスを構築する必要がある。

(2) 競争力ある価格と品質のバランスが求められるなかでの経営陣の意識統一

先進国では，高品質を訴求して，市場シェアを獲得してきた日本の製造業が，新興国で同様の戦略を展開すると，市場の要求をはるかに上回る過剰品質となり，市場が求めているような商品は提供できない。そのため，新興国では，市場が求める品質を見極めたうえで，競合と差別化を図るべき領域，および割り切るべき領域を明確にし，価格と品質をバランスさせなければならない。

今後起こりうる市場の変化を買収・被買収企業経営者が議論したうえで，何を競合との差別化点とし，何を割り切るのかを明確にするのである。

実際に明確にするには，買収企業と被買収企業の経営陣が，現在の市場環境と今後の変化，そして自社グループが保有するリソースの強みに対する共通認識を持つことが重要である。しかし，これは先進国M&A・PMI以上に難しい。新興国では市場環境が非連続に変化するため，市場に今後どのような変化が起きるのかを明確に見通すことは容易ではないからである。

(3) 限られたリソース（経営資源）でのシナジー（相乗効果）創出

先進国M&A，PMIのケースでは，日本人の統合推進人材を豊富に現地に派遣できたが，現地側の受け入れコストを考えると，人件費の安い新興国が先進国と同じように日本からの出向社員を受け入れるには限界がある。

また，新興国の被買収企業には家族的経営が多いことから，中間管理職の層が薄く，結果としてのリソースが限定的であるケースが多い。こうした状況下で統合後の戦略を立案し，それを末端の担当者にまで落とし込むことは，先進国と比較すると難しい。

　さらに，日本人の統合推進人材の選定に際しても，先進国の場合のように経験者が豊富にいるわけではない。上述の受け入れ側の制約に加えて，送り出す側にもリソースの制約がある。このようななかで統合後の戦略への納得感を醸成し，さらに各業務の担当者にまでそれを浸透させていくことは，先進国のM&A・PMIと比較すると難易度が高い。

(4) 業務統合の難しさ

　日本企業が先進国で培った業務統合の経験を，新興国にそのまま適用することはできない。先進国に比べると，新興国企業に対する業務統合は以下の点で負担が大きくことなるためである。

① 業務のやり方・業務意識が異なる

　先進国でのM&Aの場合，被買収企業の職務記述書や業務プロセスは整備されているため，業務統合を進めるにあたって現状をスムーズに把握できる。一方，新興国企業では，業務が明確なルールに則って遂行されていない。また，業務別にキーマンがおり，そのキーマンが属人的に業務を遂行しているため，職務記述書も存在しない。

　業務統合にあたっては，製造業であればまず部品をどのように発注しているのか，各種帳票をどのように作成・処理しているのかなどの現状の業務を把握することが重要であるが，この作業には膨大な手間がかかることもある。被買収企業が中小規模であれば作業も相応ですむが，数千人単位の従業員を抱える大企業であっても業務ルールや職務記述書が存在しないとなると，現状を把握するため，統合初期にかなりの人員を投入する覚悟が必要となる。

　さらに，日本企業であれば，常識の業務に対する意識も，新興国ではゼロか

ら認識をあわせなければならない。例えば,「在庫を多く持つことが正しい」と考えている新興国企業に対しては,適正在庫の考え方や,在庫を必要以上に抱えることのリスクを説いて,意識を変えていかなければならない。論拠があいまいだったり,明確な論拠を示さずに,進めてしまったりすると,あとで大きなトラブルにもなる。

② 相手側を尊重するあまり相手のペースに引きずられる

　日本企業に買収された新興国企業の従業員から見た日本企業の良さとして,「日本企業はわれわれの文化を尊重してくれた」「欧米企業と違って自分たちのやり方を押し付けなかった」というコメントを耳にすることが多い。被買収企業のモチベーション維持は重要なテーマではある。

　一方で,統合プロセスに受身になりがちな日本企業への厳しいコメントもある。「どのように進めていきたいのか,統合プロセスの全体像が明確になっていない」「業務統合をしていく際のメリットの提示が弱く,業務統合を本当に進めてよいのかわからない」と日本企業のリーダーシップの発揮をより強く望む声もある。

　業務ルールや組織体制が確立された先進国企業であれば,相手(被買収企業)の既存ルールに則って進めていくほうが効率的なケースもあるが,そもそもそうしたルールなどない新興国企業の場合,前述のとおりゼロから仕組みを構築していかなければならない。相手の文化を尊重しながらシナジー創出を早めるには,相手に対して業務統合のゴールを明確にしたうえで,相手から強い注意や覚悟を引き出す必要がある。

　新興国企業(被買収企業)が日本企業(買収企業)に期待するのは,概して技術力,製造ノウハウ,品質保証ノウハウ,組織的な経営体制であり,こうしたメリットを相手にわかりやすく提示できなければ,相手を巻き込むことは難しい。「優れたマニュアルはあるのに日本語版しかない」という日本企業が多く,これらを相手に理解しやすい形で提示できることも必要になる。もちろん,コア(核)となるナレッジ(知識・知恵)は日本側だけに閉じず,必要とあれば

米国拠点や欧州拠点のノウハウも併せて提示するのが望ましい。

　また，相手側が急激な変化を望まずに，日本企業に対して，「そのようなやり方はうちにはなじまない」「それはこの地域では通用しない」として，業務統合の速度を緩めようとすることもある。だからといって相手の言い分にすべて応えていると，業務統合はいつまでも達成されない。相手の言い分を聞きつつも，業務統合をどのように進めるか腹案を持たないと，相手のペースに引きずられて終わってしまう。

③　業務統合を推進できるスキルを備えた人材が自社に少ない

　新興国で業務統合するには，その推進者であるチェンジ・エージェント（統合推進人材）に高度なスキルが要求される。というのも，考え方も文化も異なる相手組織のなかに飛び込み，多少のコンフリクト（利害衝突）をおそれずに，相手との密なコミュニケーションを通じて業務統合を推進していく資質が求められるからである。「豊富な業務知識を持ち，コミュニケーション能力に優れ，経営者視点も備えながら自社の価値観を正しく理解している人材」がチェンジ・エージェントの要件であるならば，こうした要件を満たす人材は大企業でも少ない。「買収企業で業務統合を実施している顔ぶれが10年前と変わらない」という海外M&A担当者の声は，海外M&Aのナレッジを，個人ではなく組織に帰属させることの難しさを裏づけている。チェンジ・エージェントの絶対数は急には増やせないため，限られた人数でいかに効率よく業務統合をするか，そしてチェンジ・エージェントの育成を今後どのように仕組み化していくかが重要である。

　チェンジ・エージェントは，日本本社と被買収企業の「ハブ」（中継点）としての機能も求められており，日本側の事情をよく理解し，人的ネットワークを持っていることが望ましい。チェンジ・エージェントがその能力を最大限に発揮するには，日本本社からのタイムリーな支援が不可欠であり，これを引き出すことでチェンジ・エージェントの価値を被買収企業に認知させ，業務統合をさらに推進できるからである。

③ 新興国PMIプロセスの課題とポイント

PMI成功のために克服すべき課題を各プロセスに関連づけると，下記のようになる。

1 現地経営陣の戦略に関する納得感の醸成
2 意思決定プロセスの仕組みの導入
3 業務ルールの明確化と各業務KPIの策定
4 業務間コンフリクト（利害衝突）の調整
5 統合の達成度合いの「見える化」
6 統合推進人材の発掘と育成

1 現地経営陣の戦略に関する納得感の醸成

被買収企業の現地経営陣と買収企業の経営陣が予算目標値を共有することと，戦略に関する納得感の醸成とは異なる。それは，戦略とは単なる予算目標値を定めることばかりではなく，市場環境の変化を先取りし，競合とどのように差別化し，顧客にどのような価値を提供していくべきかを明確に定めることだからである。戦略に対する「腹落ち感」，すなわち納得感を双方で醸成するには，市場環境の変化による機会・脅威，および買収企業・被買収企業の強み弱みについての共通認識を持つことが大事である。

戦略統合プロセスでは，単に数値目標の合意形成ではなく，どのようなリソースを活用し，どのような顧客価値を実現するかといった戦略での合意形成が目的となる。それには，現地経営陣に対して被買収企業に求められる役割を明確にする必要がある。ただしその際は，M&A前とは異なり，現地での単独の成長戦略ではなく，グローバルにおける成長戦略を理解させることも大切である。先進国の成長に限界がある昨今では，新興国への成長期待が高く，それだけに，グローバル戦略が重要なのである。しかし前述のように高い数値目標

が示されるだけで，担うべき役割が具体的に示されないケースが多い。数値目標が高いだけに，被買収企業には同社の具体的な役割を伝えることが必要である。そのうえで，買収企業の本社・地域統括会社からのサポート内容の提示と継続的支援を推進することが必要だ。サポートの内容が具体的であれば，新商品開発や大型顧客開拓，競合と差別化するための商品コンセプト・品質基準などの重要事項は，買収企業との議論のうえで決定できるからである。

つまり，単に高い目標設定を示すのではなく，それを実現するために買収企業が被買収企業に与えられるサポート内容を早期に明確化することは，戦略に関連する意思決定について，被買収企業が買収企業と議論する動機づけにもなり，統合後のシナジーをいかに生み出していくかについての議論の早期収束にもつながる。

また，戦略に関する現地経営陣の納得感を醸成するためには，事業環境の変化に対する，買収企業・被買収企業の経営陣間での共通認識の醸成を進めることが必要だ。

例えば，食品産業であれば，安くなければ店頭で商品を手に取らないという理由から，現状では価格が主体になりがちである。このような市場を前提としていては，買収企業の持つ高い品質管理や生産管理，グローバルマーケティング力などは活かされない。

しかしながら，東南アジアでは，昨今，コンビニエンスストアの台頭により流通環境が急速に変化してきている。コンビニエンスストアの普及に伴ってチルド物流が発展すると，今後，品質に対するニーズも大きく変化することが予想される。流通環境が変われば，流通が商品に求める品質基準も大きく変化する。消費者の嗜好の変化を流通が先取りしていく形で，味に関してはもちろん，例えば，健康志向への誘導や，環境を意識したパッケージの導入も進むであろう。

今後，発生しうるこうした市場環境の変化は，競合を差別化する大きな事業機会と捉えることができる。そのようにしていくには，市場環境の変化に伴う事業機会と脅威，買収企業と被買収企業の強み・弱みを棚卸しして整理する。

その際は，被買収企業の強みだけでなく，買収企業グループ全体のグローバルレベルでのリソースも含め，どのような強みを活かすのかを考える。事業環境の変化へのこうした共通認識を持つとともに，その変化を活かせる自社グループの強み，および脅威にもなりかねない弱みに対しても双方間で共通認識を持つことにより，納得感を醸成することが必要である。

2 意思決定プロセスの仕組みの導入

　家族的経営による属人的な意思決定から脱し，意思決定プロセスの仕組みを導入する。投資や商品開発などの重要な案件が経営者の属人的な意思決定によるままでは，統合によるシナジー（相乗効果）を出すことは難しい。

　経営の意思決定の透明性を高めるためには，経営において意思決定を誤らなければならない重要項目を明確にすること，それに対する共通認識・稟議プロセスなどの意思決定プロセスを現地経営陣とつくっていくことである。

　戦略についての意思決定については，戦略ワークショップによる戦略統合プロセスの共有化・可視化が，新興国 PMI では一層重要になる。

　新興国では，戦略策定を経営者に依存しているケースが多い。したがって，経営者・各業務のキーマンが戦略ワークショップで集まり，SWOT 分析などのフレームワークのもとに，事業環境に対する共通認識と戦略策定の納得感を醸成しながら議論する「プロセス」と「場」づくりが非常に重要になる。

　そして，3 につながる話ともなるが，戦略統合プロセスと業務統合プロセスを連携させるための業務レベルの KPI への落とし込みまでを行うことが大事だ。こうしたプロセスが意思決定の仕組みとして，明文化し，「場」が明確になっていることが新興国 PMI では非常に重要になる。

3 業務ルールの明確化と各業務 KPI の策定

　新興国の場合，業務ルールが不明確な企業が多いため，買収企業・被買収企業の各業務の統合推進人材は，現状の業務を棚卸しして流れを把握し，文書化する。それを基に改善点を議論しながら業務ルールを策定し，テンプレート化

する。また，各業務に関する目標値であるKPIを設定する。

職務記述書が存在しないケースが多い新興国M&A, PMIでは業務フローの現状分析と業務の「見える化」をし，職務記述書の作成から始めなければならない。

業務ルールを明確にするには，被買収企業での各業務の責任者やキーマンを抽出し，買収企業と被買収企業とで業務別に統合チームを組成し，製造業でいえば，現状の業務フローや工場見取り図，棚卸資産管理などに関する業務ルールを策定する。この段階で被買収企業の業務責任者に，物と伝票を完全に一致させる原理原則を徹底させる。

業務処理については，職務記述書が明確になっている先進国とは異なり，新興国M&A・PMIは，職務記述書づくりと個人の持つ権限・責任とを明確にすることから始めなければならない。これには仕事の進め方に対する大きな意識変革が伴う。そのため業務ルールは日本人が入り込んで策定しながらも，その業務を実際に推進していくことになる現地の業務責任者を統合チームに参画させ，共同で推進することが必要である。

4　業務間コンフリクト（利害衝突）の調整

業務別に統合を進めていくと，業務間でコンフリクトが起きることが多い。短納期を最優先する営業部門と，在庫を圧縮したい生産部門とは利害が衝突する。こうした衝突を調整して戦略を実現するには，統合プロセスを着実に進める調整機能が必要となる。これには上述のコンフリクトを可視化するとともに，それに対して意思決定すべきことを明確化し，意思決定を迅速にできる機能をつくることが必要になる。業務ルールが明確ではない新興国のPMIでは，同ルールの標準化を進めながら，同時にコンフリクトを回避するという難しさを伴うため，こうした調整機能が重要になる。

5　統合の達成度合いの「見える化」

統合が今どのような進捗状況にあるかを把握することは大変重要である。各

業務の進捗状況を把握するには，各業務に対して効率性や生産性などの KPI を設定し，その達成状況を「見える化」するとともに，達成するための方策を講じる。

先進国と市場環境が大きく異なる新興国 PMI では，市場環境に対する共通認識を持つとともに，買収企業・被買収企業の強みを最大限に活かした形で競合と差別化する戦略を策定する。そのうえで，各業務別の KPI の達成状況を，買収企業・被買収企業の経営陣・各業務統合推進人材が共有して進捗状況を把握し，今後の改善策を決定する。このプロセスの前提は，市場環境に想定外の変化があれば迅速に情報を共有してそれを各業務統合に反映させるなど，PDCA を回していくことである。

6　統合推進人材の発掘と育成

統合を進めるのは「人」である。したがって，経営陣はもちろん，各業務の重要人材が統合プロセスにしっかり入り込み，こうした人材に買収企業の理念や戦略を理解させることも大事である。

そうした人材の発掘には，デューデリジェンス段階で，各業務のリーダーや現場で影響力を持つ人材を把握し，PMI の各プロセスに巻き込みながら納得感を醸成し，育成していく。

M&A・PMI を進めていくには，買収企業と被買収企業双方に統合推進人材が必要となる。そのような人材を本書では，前述のとおり「チェンジ・エージェント」と呼ぶ。

統合を推進できるこうした人材の育成は統合の場で推進していく。そこで，各業務におけるグローバルレベルでのノウハウの共有の仕組みを構築することが必要である。

例えば，生産であれば姉妹工場制度のように，日本の生産現場と現地の生産現場の管理者・担当者レベルをお互いに往復・交流させ，TQM（Total Quality Management：総合的品質管理）などの品質改善活動を共に進めていくことで，人材育成の継続的な仕組みをつくりあげることが必要である。経営

者レベルであれば，買収企業が持っている風土や，その背景である歴史，大切にしている価値観などもわかりやすく伝えることが必要である。

4 課題解決の要諦

新興国 PMI における課題解決の要諦として，次の点がある。

1　市場環境変化への共通認識に基づく戦略策定プロセスの構築
2　ガバナンスの明確化と経営への意思決定プロセスの導入
3　業務ルールの明確化
4　業務間コンフリクトを解消する PMO（プロジェクトマネジメントオフィス）
5　統合の達成度合いの「見える化」と PDCA の徹底
6　統合を推進する人材の発掘と育成

1　市場環境変化への共通認識に基づく戦略策定プロセスの構築

先進国と比較すると，新興国の被買収企業にはシナジー創出による成長を目標として課せられるケースが多く，被買収企業からすると無理な数値だけあって，実現する手段は提示されていないこともある。

買収企業は，自社の経営基盤やノウハウなど，被買収企業が成長シナリオを達成するためにどのようなサポートができるのかを明確にし，そのうえで，SWOT 分析などにより事業環境の変化と，買収企業・被買収企業をあわせたグループの強みと弱みを踏まえ，両社の経営陣が今後起こりうる市場環境の変化についての共通認識を持ち，グループ全体の強みを活かした戦略統合プロセスをワークショップで実施することが効果的だ。

新興国 PMI での戦略統合プロセスでは，トレードオフの関係にある品質と価格をどうバランスするかが議論になることが多い。価格競争が激しい状況下にあって，日本企業が得意とする品質管理を被買収企業に要求しても，被買収

企業は日本市場の特異性を語っているとしか理解しない。

　しかしながら，例えば食品であれば，新興国は，コンビニエンスストアや，カルフール，ウォルマートなどのGMS（総合スーパーマーケット）の進出で，流通市場が急激に変化し，商品の品質への要求基準が大きく引き上がるといった非連続な変化が起こる可能性がある。

　こうした変化は，現在の顧客からでは，予見できない。したがって戦略の策定にあたっては，今後新興国で起こりうるこうした非連続な変化に対する共通認識を持ち，そうした状況のなかで，競合よりも一歩先んじて市場シェアを高めるにはどうしたらよいのかを議論する。

　現状の価格競争だけでは，日本企業の品質管理の有効性はそれほどないかもしれないが，上述のような流通市場の変化を先取りして一歩先行した品質を実現することは，競合に対する差別化戦略そのものである。こうした戦略で日本企業が提供できるノウハウは多いと思われる。もちろん現地で重視される競争力のある価格と品質をどうバランスさせるかを徹底的に議論し，そのうえで差別化戦略をとっていく。

　こうしたプロセスに買収企業・被買収企業の経営陣が参画することで，意思決定を透明性のあるものとする。また，このプロセスに各業務の統合推進人材を巻き込むことで，業務統合を進めていくことの重要性の共通認識をもたせることも忘れてはいけない。

2　ガバナンスの明確化と経営への意思決定プロセスの導入

　新興国では，たとえ大企業であっても家族的経営が多い。したがって意思決定は極めて俗人的である。そこでM&A後は，経営への意思決定プロセスに透明性を高める仕組みを導入する。高額な設備投資や新製品開発計画・製品ロードマップなど重要な案件については，経営会議や取締役会議で意思決定し，意思決定プロセスを「見える化」することが大事だ。

　ある化学会社は，日本人の中間管理職を統合マネージャーとして配置し，投資，製品計画などの重要な案件の意思決定には，親会社である日本企業のサ

ポートを受けることを義務づけている。同社は M&A 後，投資などの稟議が必要な意思決定基準を被買収企業の経営陣に明示するとともに，面倒になりがちな稟議プロセスや，親会社である買収企業への根回しは，統合マネージャーがサポートをしている。

経営への意思決定プロセスの仕組みは，買収企業が被買収企業に対して，設備投資，研究開発など買収企業への稟議が必要な項目を最初に明確に示し，これらの投資に対するサポート内容を示すことで構築していく。

3　業務ルールの明確化

新興国には業務ルールが不明確な企業が多いため，業務ルールを明確化する。会計であれば国際会計基準を定着させ，完成品や仕掛品を確実に把握するための棚卸しなど基本の業務を徹底し，会計処理もものの流れに沿った透明性あるルールとして定着させる。会計だけではなく，販売・マーケティング，生産・品質管理，SCMなどの各業務も，現状の把握からはじめ（場合によっては，この作業に半年から1年かかることもある），このプロセスに日本人の各業務の統合推進人材と現地人の機能別統合推進人材をアサイン（割当）する。

そのうえで，業務がどう変化し，その変化に対して，買収企業がどのような支援ができるのかを明確にし，業務ルールづくりや業務テンプレートに落とし込んでいくのである。

例えば，製造業タスクフォースの場合，既存の製造工程の生産性を一定水準に到達させるという目標を設定する。この目標実現の具体策には，金型設計の図面整備や在庫管理・経営管理に必要な数値の取得などが挙げられる。そしてこれらの実現には，現状の業務フローを変えて新しい業務ルールを策定することが必要になる。この業務ルール策定では，目標を示すことと，およびその目標を効率よく実現するための買収企業による業務支援が不可欠である。

このような業務ルールには，在庫を適正水準にしておく，製造・販売連携を決められた手順で行う，など，買収企業・被買収企業双方の考え方の継承・共有化も含まれる。

業務ルールの策定を円滑に進めるには，日本で実勢しているナレッジが整備されていることが望ましい。具体的には，業務に対する考え方がすでに英語でマニュアル化されていること，ナレッジを移管する際に必要な業務テンプレートが整備されている，などである。

4 業務間コンフリクトを解消するPMO（プロジェクトマネジメントオフィス）

本書で述べたように，PMIにおいては，部門間のコンフリクトを解消するためにPMOの役割は非常に重要だ。特に新興国PMIにおいては，意思決定の仕組みを可視化していくためにも，業務間のコンフリクトを解消するPMO

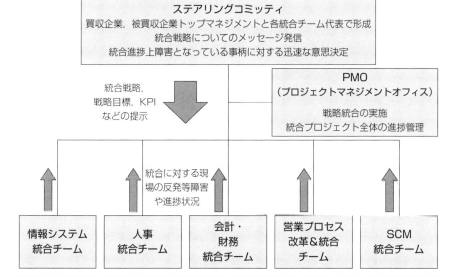

図表9-1 新興国PMI推進体制（再掲）

（出所） 野村総合研究所

の役割は，より一層重要となる。

5　統合の達成度合いの「見える化」とPDCAの徹底

　新興国PMIについては，進捗の可視化がより一層重要となる。意思決定プロセスが不透明であることが多い新興国企業のPMIについては，PMIの進捗状況をKPIによって可視化し，意思決定のプロセスが明確になるようにすることが大事だ。生産性・効率性の点から落とし込まれたKPIは月次などで管理しながら，統合の度合いを確認していくことが必要だ。

　現状の業務を棚卸しし，フローチャートなどに図式化してルールを明確にしたうえで，生産性・効率性などの観点から，各業務の目標値としてKPIとして定量化することが必要だ。

　KPIの設定で重要なのは，①取得可能な管理数値であること，②成果が見えやすいこと，である。

　業務統合プロセスの初期段階で，KPIに入手困難な数値を設定したり，短期的に数値の改善が見込めないような目標を設定したりしては，業務統合において関係者を巻き込むことは難しい。そのため，短期的な成果を出しやすいようにあえて達成可能な目標を設定し，達成したことを成果として関係者で共有することでモチベーションを引き出すことも有効である。チェンジ・エージェントは，担当する業務別分科会の目標設定において，こうした微妙なさじ加減が求められるため，自分の業務について精通していることが必須となる。

　KPIが未達成の場合は，その原因を究明し，どのように改善して統合を進めていけばよいのかを各業務別分科会で検討する。このプロセスと意思決定の可視化によるPDCAの構築が一層重要になる。

6　統合を推進する人材の発掘と育成

　統合を推進するには，買収企業側と被買収企業側の双方で，統合推進人材の発掘と育成が欠かせない。両企業の経営陣，そして各業務の統合推進人材が，統合によるシナジー創出の戦略を策定するとともに，それを各業務に落とし込

んでいくからである。こうした人材は，詳細なデューデリジェンスを通じて発掘することが大事だ。

　発掘した人材は，戦略統合プロセスに参画させて，戦略を理解させたうえで，各業務の統合を，買収企業の統合推進人材と共に進めながら育成していく。

　シナジー創出による成長戦略を実現するには，各業務にも高い数値目標が設定される。そのため，日本人の統合推進人材が，被買収企業の統合推進人材に対して，買収企業グループのリソースやノウハウを使って支援していく。

　したがって日本本社は現地の日本人統合推進人材に各業務の統合に対するサポート機能を提供しなければならない。そのためには，買収企業の全グループの業務ノウハウを整理しておく。

　例えば生産業務の統合では，日本工場もしくは先行して統合を進めた海外工場と姉妹工場制度を結び，生産現場レベルでの生産効率化や品質管理など，小集団活動レベルでの指導をし，ノウハウを共有していく。こうすることで，生産・品質管理業務での統合推進人材のサポートと育成が可能になる。この際は，現地日本人・現地人統合推進人材のサポートと育成の仕組みを，日本本社・現地地域統括会社に構築しておく。

　家族的経営が多い新興国では，意思決定を経営者に依存している企業が多いため，統合時に重要な役目を担う中間管理職をいかに育成していくかは，新興国PMIの重要なポイントである。上述の生産現場であれば，姉妹工場のような制度はその責任者だけではなく，班長クラスの現場監督者も交えて生産・品質管理に対する考え方を共有できる。このような仕組みによって，自らが考える強い現場をしっかりしていくことが，新興国PMIを成功させるためには重要である。

【著者紹介】

青嶋　稔

株式会社野村総合研究所　コンサルティング事業本部　シニアパートナー
大学時代，製造業に対する経営コンサルタントになることを決め，1988年精密機器メーカーに入社。在職の16年間は，大手企業向け営業，米国現地法人における営業マネジメント，営業改革，新規事業開発，M&A，PMI担当マネージャーを歴任。米国より帰国後，2005年野村総合研究所に参画。2019年4月同社初のシニアパートナーとなる。
専門は中期経営計画策定，長期ビジョン策定，M&A戦略，PMI戦略の策定と実行支援，新規事業開発。米国公認会計士。中小企業診断士。
主な著書に『強くて小さい本社』（NRI出版），『事業を創る。』（中央経済社），『ハーフエコノミーの営業改革』（NRI出版），『日本は「パッケージ型事業」でアジア市場で勝利する』（東洋経済新報社），『変革実現力』（中央経済社，共著）などがある。

海外M&Aを成功に導くPMIの進め方

2019年10月10日　第1版第1刷発行
2021年 1 月10日　第1版第2刷発行

著　者　青　嶋　　　稔
発行者　山　本　　　継
発行所　㈱中　央　経　済　社
発売元　㈱中央経済グループ
　　　　　　パブリッシング

〒101-0051　東京都千代田区神田神保町1-31-2
電話　03 (3293) 3371 (編集代表)
　　　03 (3293) 3381 (営業代表)
http://www.chuokeizai.co.jp/
印刷／昭和情報プロセス㈱
製本／㈲井上製本所

©2019
Printed in Japan

＊頁の「欠落」や「順序違い」などがありましたらお取り替えいたしますので発売元までご送付ください。（送料小社負担）

ISBN978-4-502-31771-2　C3034

JCOPY〈出版者著作権管理機構委託出版物〉本書を無断で複写複製（コピー）することは，著作権法上の例外を除き，禁じられています。本書をコピーされる場合は事前に出版者著作権管理機構（JCOPY）の許諾を受けてください。
JCOPY〈http://www.jcopy.or.jp eメール：info@jcopy.or.jp〉